Anja Stiller
Kleine Adelskunde

Anja Stiller

Kleine Adelskunde

REGIONALIA
VERLAG

Bildnachweis

Alte Nationalgalerie Berlin: 63
Bayerische Staatsbibliothek: 29 rechts
Biblioteca de la Facultad de Derecho y Ciencias del Trabajo…: 66
Germanisches Nationalmuseum Nürnberg: 102
Grandes Croniques de France: 36 links
Hever Castle Kent: 39 rechts oben
Kaiserliche Schatzkammer Wien: 18
Maximilianeum München: 96 rechts
National Gallery London: 32 rechts
National Portrait Gallery London: 40 rechts
Regionalia Verlag, Archiv: 13, 16, 19, 21, 24 links, 25, 26, 28, 34 links, 37, 48, 49 beide, 56, 59, 80, 81, 97, 107 rechts
Sammlung The crusaders, Marc Carrier: 34 links
Schloss Chantilly, Musée Condé: 58
Schloss Herrenchiemsee: 104 rechts
Schloss Schönbrunn: 61 unten
Staatsarchiv des Kantons Zürich: 47 unten
Städtisches Museum Göttingen: 68
Universitätsbibliothek Heidelberg: 45
University of Toronto Wenceslaus Hollar Digital Collection: 40 links
Upton House Warwickshire: 67
Wikimedia commons: A. Kniesel 106 oben; Andreas Kieser 95 unten; Bejo 113; Beckstet Cover oben zweites von rechts; Bwag 61 oben; Cephoto-Uwe Aranas 89; Cherubino 111; Daderot 101; D.j. Mueller Cover oben rechts; Emmaus 41, 42; Fedor Burov 53; Franzy89 36 rechts; Gryffindor 85; Heidas 110; Heribert Pohl 112; Johannes Robalotoff 43 oben; Lokilech 93 links; Lucas Homebolte 39 links oben; Lutz Fischer-Lamprecht 99; Manfred Heyde 57 unten; Marco Zanoli 100; Myrabella 82; PeterBraun74 Cover großes Bild; o.A. Cover oben erstes und zweites von links, Cover Hintergrund, 22, 32 links, 34 rechts, 39 beide unten, 47 oben, 55, 62 oben, 69, 84, 87, 88, 93 rechts, 96 links, 103 alle, 104 beide, 106 unten, 107 links; Rama 24 rechts; rambow.de 74; Softeis 105; Stefan Wicklein 43 unten; Suse 62 unten; Szvitek Péter 57 oben; Tomasz Steifer 90; Ulrich Waack 29 links; Vexillum 95 oben

Anja Stiller, Kleine Adelskunde

Einbandgestaltung: Derek Gotzen für agilmedien, Niederkassel
Layout und Satz: paquémedia, Ebergötzen

Printed in Poland 2015

ISBN 978-3-95540-159-7

www.regionalia-verlag.de

Inhalt

Vorwort

Die Prinzessin von A heiratet den Prinzen von B. Zur Hochzeit kommen sie alle, die Prinzen, Prinzessinnen, Grafen, Herzöge und Freiherren aus den Ländern C, D, E, F … Der ganze europäische Hochadel ist versammelt, der niedere Adel auch und die gesamte Presse noch dazu. Und dann wird erzählt: Wer welches Kleid trägt, welchen Schmuck in welcher Preisklasse. Wer was gesagt und getan hat. Die Weltöffentlichkeit verfolgt das alles mit. Oder zumindest Teile der Weltöffentlichkeit. Und wenn man richtig Glück hat, dann ereignet sich rund um diese Hochzeit noch der eine oder andere Skandal.

Das war ein kurzer, höchst anonymisierter Einblick in das Leben des Adels, wie ihn uns die Klatschpresse vermittelt. Wir können, wenn wir denn wollen, mitleiden, uns mitfreuen, mit entrüstet sein mit den Grafen, Fürsten und Prinzessinnen. Und vor allem können wir eines: mit einer Mischung aus Ehrfurcht und vielleicht auch Neid auf das Leben derer blicken, die sich täglich neue Kleider kaufen können. Die nie im Supermarkt in der Schlange stehen müssen und die sich garantiert noch niemals selbst um den verstopften Abfluss am Waschbecken gekümmert haben.

Das wollen wir auch! Nie mehr selbst einkaufen und wenn, dann nur teure Klamotten, nie mehr Wattereste aus Abflussrohren fummeln, nie mehr selbst schwedische Regale nach Bildanleitung zusammenbauen.

Aber so einfach ist das nicht. Und so einfach war das, von sehr wenigen Ausnahmen abgesehen, auch früher nicht. Denn Adel ist nicht zwangsläufig gleichbedeutend mit Reichtum.

Das führt weiter zu der Erkenntnis, dass wir zwar eine ziemlich klare Vorstellung von dem haben, was es heißt, adlig zu sein, dass diese Vorstellung aber nicht unbedingt identisch sein muss mit der Realität.

Und das wiederum bringt uns zu noch grundlegenderen Fragen: Was genau bedeutete und bedeutet es denn eigentlich, adlig zu sein? Welche Aufgaben waren in der Vergangenheit mit der Zugehörigkeit zum Adel verbunden, welche sind es heute? Welche Privilegien? Wie kam der Adel als gesellschaftliche Klasse überhaupt zustande? Und wann?

Wer sagt zudem, dass es unbedingt nur ein Privileg war, adlig zu sein? Durften Adlige alles machen, was sie wollten? Durften sie heiraten, wen sie wollten? Durften sie jeden Beruf ausüben?

Die Antwort drängt sich eigentlich auf: Nein, das durften sie nicht. Natürlich gibt es die Rührgeschichten vom reichen Grafen, der das arme Dienstmädchen ehelicht. Aber sehr viel mehr als sentimentale Märchen sind das eben auch nicht.

Wie also sah die Realität adligen Lebens in der Vergangenheit aus? Wie heute? Wer in der Adelshierarchie stand und steht über wem? All diese Fragen versucht dieses Buch zu beantworten.

Dabei lässt sich allerdings nicht jede davon eindeutig klären, und natürlich kann dieses kleine Buch vieles nur kursorisch streifen. Aber einige Unklarheiten werden vielleicht erhellt, ein paar Irrtümer beseitigt.

In diesem Sinne wünsche ich Ihnen eine unterhaltsame Lektüre.

Anja Stiller
Salzburg im Frühjahr 2015

Zum Aufbau dieses Buches

Wer sich an die Arbeit macht, eine Einführung in die Welt des Adels zu schreiben, der stößt dabei auf eine solche Fülle an Material, dass ihm nur eines bleibt: auszuwählen. Und das heißt zugleich: einiges zu erzählen, vieles aber auch auszulassen.

Idealerweise beginnt ein solches Buch mit einem historischen Überblick über die Entwicklung des Adels von seiner Entstehung bis in die Gegenwart. Wobei man natürlich, wenn man sich nur auf den europäischen Bereich beschränkt, allen Epochen dieselbe Aufmerksamkeit schenken sollte, dem Mittelalter, der Renaissance, dem Barock, der Aufklärung usw. Dabei würde man die wesentlichen Aspekte des Themenkomplexes beleuchten: die Machtbefugnisse des Adels, die Erziehung adliger Kinder, die Rangstufen der einzelnen Adelstitel und das – da diese sich im Laufe der Jahrhunderte und noch dazu von Region zu Region unterscheiden konnten – auch hier wieder säuberlich geordnet nach Jahrhundert und Region. Die Themenvielfalt ließe sich noch um diverse Punkte erweitern. Am besten ordnete man das Ganze dann noch nach Ländern, denn der Adel in Frankreich war ein anderer als der in Deutschland oder England.

Das wäre, wie gesagt, die ideale Einführung. Aber für ein Grundlagenwerk. Eines, mit dem man die 1000-Seiten-Marke spielend überschreiten kann. Aber dies hier ist ja explizit die „kleine Adelskunde“, und so war es mir aufgrund des begrenzten Umfangs nicht möglich, all diese Aspekte umfassend zu berücksichtigen. Ich habe mich also für einen anderen Weg entschieden: Neben einer kurzen historischen Darstellung über die Entwicklung des Adels werfe ich in diesem Buch Schlaglichter. Auf die Erziehung zum Ritter im Mittelalter, auf das Leben in einer Burg. Auf das Glück oder Unglück, einen König heiraten zu dürfen. Denn adlig zu sein konnte gleichzeitig auch bedeuten, dass man sich der Staatsraison zu fügen hatte, in der für Gefühle und erst recht für persönliches Glücksempfinden keinerlei Raum war.

Dieses Buch beleuchtet also einzelne, mir besonders interessant erscheinende Aspekte, wenn auch nicht durch alle Epochen hindurch – die Auswahl der Themen unterlag notwendig einer Beschränkung. Nun möchte ich Sie als Leser einladen, mit mir diese „Schlaglichter“ zu betrachten und dabei viele interessante und zum Teil kuriose Details zu entdecken.

Was es bedeutet, adlig zu sein

Am Beginn aller Erklärungen steht der Begriff, der Name. Und da fangen die Uneinigkeiten auch schon an. Das Wort „Adel" stamme vom althochdeutschen *adal* oder *edili* und meine „die Stammfolge", „das edle Geschlecht" oder auch „die Edelsten". Das sagen die einen und ergänzen, es sei ebenfalls verwandt mit dem altgermanischen *odal* oder auch *wodal*, was wiederum eine Bezeichnung für einen ererbten Boden oder, im weiteren Sinne, für „Heimat" sei.

Stimmt nicht, erwidern die anderen. Denn es sei keineswegs sicher, dass es so etwas wie einen Ur- oder auch allgemeinen germanischen Adel überhaupt je gegeben habe.

Mit anderen Worten: Wir wissen es nicht. Zumindest nicht genau. Vermutlich gab es zumindest im Mittelniederdeutschen, also einem Zweig der deutschen Sprache im Mittelalter, und im Frühneuhochdeutschen noch kein allgemeines Wort für den Adel. Erst mit der Übersetzung lateinischer und frühneuhochdeutscher Texte ins Neuhochdeutsche wurde aus dem lateinischen *nobiles/nobilis* das deutsche Wort „Adel". Und um das Ganze noch etwas verwirrender zu machen: Die *nobiles* sind im Lateinischen keineswegs die „Adligen", sondern „die Bekannten", die „kenntlich Gemachten", also lediglich eine aus der Masse herausragende Gruppe von Menschen. Dennoch leitet sich von den *nobiles* im Französischen die *noblesse* ab, auch die englische *nobility* hat hier ihren Wortursprung, ebenso wie die italienische *nobilità*.

Seit dem 19. Jahrhundert und bis in die Gegenwart vermischen sich außerdem die beiden Begriffe „Adel" und „Aristokratie", wobei letzteres Wort mehr und mehr zum Synonym für den Adel geworden ist. Was historisch betrachtet so nicht stimmt. Denn der Begriff der Aristokratie geht zurück auf die politische Theorie der griechischen Antike, insbesondere bei Platon und Aristoteles. Die *aristoi* sind die „Besten", die Aristokratie damit die „Herrschaft der Besten". Dort, in der Antike, war der Begriff gekoppelt an bestimmte Tugenden wie Verstand, Tapferkeit, Besonnenheit oder Gerechtigkeit. Damit bezieht sich aber der Begriff der Aristokratie in der griechischen Antike nicht auf eine Gruppe von Menschen, die sich durch ihren sozialen Status von anderen unterscheiden, sondern meint zunächst nur eine bestimmte Herrschafts-, Staats- oder Verfassungsform.

Der Ursprung des Wortes ist also umstritten. Was wir dagegen wissen, ist, dass es schon in den frühesten Kulturen nahezu aller Regionen der Erde eine Gruppe von Menschen gab, die sich aus der Masse des Volkes herausgehoben haben. Das geht zurück bis in die frühen Hochkulturen in Mesopotamien oder Ägypten, auch die griechische und die römische Antike kannten eine sozial exponierte Schicht. Dasselbe gilt für die Kulturen im alten China, in Japan oder Indien, und auch die Inkas und Azteken kannten einen „Adel". Man sieht: Der Adel ist kein rein europäisches Phänomen. Allerdings hatte diese aus der Masse der Bevölkerung herausragende Gruppe von Menschen je nach Kultur und Epoche andere Funktionen, etwa politische Führung, religiös-priesterliche Aufgaben oder das Ausüben militärischer Ämter.

Gleichzeitig gibt es aber auch eine Reihe von Gemeinsamkeiten: Der Adel genoss zu allen Zeiten eine Exklusivität. Die Mitglieder dieser sozialen Schicht nahmen gegenüber ihren Mitmenschen, vor allem auch in rechtlicher Hinsicht, eine Vorrangstellung ein, im indischen Kastenwesen genauso wie in der europäischen Ständeordnung. Außerdem schotteten sich die Mitglieder des Adels durch Geburt nach außen ab. Das heißt, man war bereits adlig geboren. Das bedeutet gleichzeitig, dass Adlige nur Adlige heiraten durften, um die Familien nicht „nach unten" zu öffnen. Ohnehin waren diese Ehen in den meisten Fällen Zweckbündnisse, um politische Macht und Wohlstand zu erhalten und nach Möglichkeit noch zu vermehren.

Natürlich gab es gerade in Europa auch die spätere Erhebung in den Adelsstand; sich selbst zum Adligen ernennen konnte allerdings niemand. Adel ist Auszeichnung, sei es durch Geburt, was zugegebenermaßen wenig mit dem eigenen Verdienst zu tun hat, sei es durch die Verleihung eines Titels durch den Kaiser, die häufig auf besondere Leistungen zurückging.

Insbesondere für den europäischen Adel finden sich darüber hinaus in der Vergangenheit noch weitere Gemeinsamkeiten: Da wäre zunächst einmal der Grundbesitz zu nennen. Viele Adelsfamilien verfügten über Ländereien, die sie bewirtschafteten oder eher: bewirtschaften ließen. Und das führt gleich zum nächsten Punkt: Adlige herrschten über „Unfreie", die den Grund und Boden für sie bearbeiteten.

Außerdem durften sie – in diesem Fall natürlich ausschließlich Männer – Waffen tragen oder anders ausgedrückt: Um Prestige und Ehre zu gewinnen, mussten sie Kriegsdienst leisten.

Adlige übernahmen politische Herrschaftsfunktionen, ein weiteres Privileg, das gleichzeitig ihre Machtposition zementierte; auch in der Kirche kamen ihnen Führungsrollen zu, man denke nur an die „Fürsterzbischöfe". Schließlich übernahmen Adlige auch wichtige Ämter bei Hof oder für den Staat.

Soweit also die erste Annäherung an eine allgemeine Definition dessen, was man unter „Adel" versteht. Wenden wir uns nun der Geschichte des Adels zu.

Eine kurze Geschichte des Adels

Die Anfänge

Um es gleich vorwegzunehmen: Die *eine* Geschichte des Adels lässt sich nicht schreiben. Denn der Adel ist, wie bereits erklärt, eine soziale Schicht, die sich in nahezu allen Kulturen in beinahe allen Epochen findet. Nicht einmal für eine Geschichte des europäischen Adels ist in diesem doch eher schmalen Buch genug Raum. Darum wird sich der Blick, je näher wir der Gegenwart kommen, immer mehr auf den Adel aus dem heutigen Deutschland verengen. Das hat nichts mit nationalen Präferenzen zu tun, die Einschränkung ist ausschließlich im Umfang des vorliegenden Buches begründet.

Und noch eine Anmerkung: Wer sich mit der historischen Entwicklung des Adels beschäftigt, wird feststellen, dass besonders die lexikalischen Darstellungen ausführlich beginnen, dann aber immer knapper werden. Bezogen auf die Epochen bedeutet das: Der überwiegende Anteil widmet sich dem Mittelalter, denn hier liegen die Wurzeln des europäischen Adels. Die frühe Neuzeit bis hin zur Aufhebung der Adelsprivilegien dagegen wird meistens in einem einzigen Absatz abgehandelt. Diesem Aufbau möchte auch ich folgen. Denn die Wurzeln des europäischen Adels liegen tatsächlich im Mittelalter, und hier finden sich die Grundlagen seiner späteren Entwicklung.

Beginnen wir aber noch ein wenig früher: bei den Germanen. Bereits bei ihnen gab es „Adlige", wobei der Begriff hier eher wohlhabende Bauern oder Stammeshäuptlinge bezeichnet als in Rokokogewänder gehüllte und in Ziergärten à la Versailles lustwandelnde Luxusgeschöpfe.

Gaius Iulius Cäsar bezeichnet germanische Führer in seiner Schrift *De bello Gallico* aus dem Jahr 52/51 v. Chr. als *reges*, ebenso Publius Cornelius Tacitus in seiner *Germania* (98 v. Chr.). An anderer Stelle ist auch von *duces* im Sinne von Heerführern die Rede, von *principes*, auf Deutsch „die Ersten", und deren *comites*, dem „Gefolge". Innerhalb dieses „Gefolges" gab es bereits verschiedene Rangstufen, über die uns Tacitus allerdings keine Details berichtet. Wer jedoch bereits aus sehr vornehmem Haus kam, dem war auch ein hoher Rang innerhalb der Gefolgschaft sicher. Darüber hinaus wurden Stammes- oder Heerführer wegen ihrer Herkunft aus angesehenen Familien, vor allem aber auch aufgrund ihrer Tüchtigkeit gewählt. In den germanischen Stämmen gibt es eine Art Geburtsadel: angesehene Familien, die traditionell Führungskräfte hervorbringen.

Publius Cornelius Tacitus

Den Angaben des Tacitus muss man aber insofern mit Vorsicht begegnen, da er nie selbst in Germanien war und deshalb nicht eindeutig erwiesen ist, ob er die Verhältnisse tatsächlich wirklichkeitsgetreu wiedergibt. Möglich wäre auch, dass Tacitus die Strukturen, die er aus seiner eigenen, der römischen, Gesellschaft kannte, auf die Situation der germanischen Völker übertragen hat.

Sicher ist nur eines, nämlich dass der historische Faden hier in gewisser Weise auch schon wieder abreißt. Denn von den germanischen Heerführern, wie sie uns Cäsar und Tacitus überliefern, lässt sich kein Bogen schlagen zum späteren feudalen Lehnswesens und der Ständegesellschaft, in der der Adel eindeutig eine Vorherrschaft einnahm.

Auch aus den überlieferten Angaben zu den Merowingern, also jenem Königsgeschlecht der Franken aus der Zeit des 5. Jahrhunderts n. Chr. bis zum Jahr 751, mit dem der Übergang von der Spätantike zum frühen Mittelalter markiert wird, lässt sich nicht ableiten, dass es dort bereits einen Adel gab.

Halbwegs greifbar wird die Geschichte des Adels erst im Jahr 842. Hier nämlich berichtet der fränkische Geschichtsschreiber Nithard, ein Enkel Karls des Großen, im vierten Buch seiner *Historia*, dass die Sachsen in drei Stände geteilt sind. Den ersten dieser Stände bezeichnen sie in ihrer Sprache als *edhilingui*, Nithard setzt das mit dem lateinischen *nobiles*, den „Vornehmen", gleich. Was er über sie zu berichten hat, klingt allerdings in erster Linie reichlich brachial und führt zurück in die guten alten Zeiten der Blutrache. Denn diese „Edelinge" hatten den Anspruch auf das dreifache Wehrgeld, also auf eine Sühneleistung. Das heißt, wenn jemand aus der Sippe getötet wurde, dann musste demjenigen, der eigentlich Blutrache nehmen, also Totschlag mit Totschlag vergelten dürfte, stattdessen ein Sühnegeld gezahlt werden. Und weil er eben zu den „Edlen" seiner Gesellschaft zählte, nicht nur ein einfaches, sondern gleich ein dreifaches Sühnegeld. Allerdings mussten die „Edlen" ihrerseits Verstöße auch mit dreifacher Buße sühnen.

Etwa 150 Jahre später, im Jahr 967/68, berichtet der Mönch Widukind von Corvey in seinem Werk *Rex gestae Saxonicae* von der Stammessage der Sachsen. Seinen Ausführungen zufolge gab es dort zum einen „Heerführer" *(duces)*, die jeweils 1000 Mann befehligten, von denen 100 als Gefolge und Leibgarde dienten, zum anderen gab es „Fürsten" *(principes)*, die jeweils den drei Teilstämmen Westfalen, Engern und Ostfalen vorstanden. Ihre Vorrangstellung beschränkte sich laut Widukind aber primär auf kriegerische Auseinandersetzungen.

In Bayern gab es früher als in Sachsen ein „Stammesherzogtum". Nach der *Lex Baiuvariorum*, der ersten Sammlung von Texten zum Volksrecht der Bajuwaren aus der Zeit vom 6. bis zum 8. Jahrhundert, hatte die Familie der Agilolfinger einen Erbanspruch auf die Herzogswürde. Zu dieser Zeit unterschied man hier ähnlich wie in Sachsen zwischen den *nobiles*, also den Edlen, den *liberi*, den Freien, und den *servi*, den Sklaven oder Unfreien.

In ihren Anfängen waren die „Adligen" also Krieger, üblicherweise solche, die mit besseren Waffen ausgestattet waren als die übrigen Angehörigen des Stammes und sich deshalb bei kriegerischen Auseinandersetzungen verdienter machen konnten – was ihre Vorrangstellung wiederum weiter zementierte.

Wieso diese Art der Ungleichheit erstmalig entstanden ist, darüber ist allerdings wenig bekannt. Archäologische Ausgrabungen zeigen nur, **dass** es erste Formen „adligen Lebens" gegeben hat, davon zeugen etwa Funde von Gräbern mit reicheren als den üblichen Grabbeigaben oder auch Reste ehemaliger Villen und Burgen.

Mittelalter

Kommen wir nun von den germanischen Stämmen ins Frühmittelalter. Der Anfang dieser Epoche wird um das Jahr 500 n. Chr. angesetzt, das Ende gute 500 Jahre später, im Jahr 1050 n. Chr. Das Frühmittelalter stellt eine Art Übergang zwischen der Antike und dem eigentlichen Mittelalter dar. Der Beginn des frühen Mittelalters fällt zusammen mit der Völkerwanderung, in deren Verlauf das weströmische Kaiserreich im Jahr 476 unterging. Die römischen Verwaltungsstrukturen im Westen verschwanden nur langsam, auf dem Boden des Westreiches entstanden neue germanisch-romanische Reiche. Eines der bedeutendsten darunter war das von den Merowingern im 5. Jahrhundert gegründete Frankenreich. Im 8. Jahrhundert übernahmen hier die Karolinger die Herrschaft, unter ihnen entwickelte sich das Frankenreich zur Hegemonialmacht. Als das Karolingerreich im 9. Jahrhundert zerfiel, entstanden das Westfrankenreich (Ursprung des heutigen Frankreichs) und das Ostfrankenreich (Ursprung des späteren Heiligen Römischen Reiches). Im Ostfrankenreich stiegen die Liudolfinger auf, erlangten die westliche Kaiserwürde und legten damit die Grundlage für das römisch-deutsche Reich.

Im lateinischen Europa etablierte sich im Frühmittelalter eine neue Gesellschaftsordnung mit dem Adel und der hohen Geistlichkeit als den führenden Schichten. Womit wir wieder beim Thema wären: dem Adel. Und hier gilt ein Satz des niederländischen Mittelalterforschers J. M. van Winter, der für einen historischen Überblick über die Entwicklung des Adels zwar nicht gerade ideal ist, dem man aber auch nichts entgegenhalten kann: „Was Adel genau war, kann man nicht definieren."[1] Wann der der Adelsstand entstanden sei, ließe sich nur schwer sagen, schreibt van Winter, ebenso wenig, wann es zur gesellschaftlichen Position des Adelsstandes in der nachkarolingischen Zeit gekommen sei. Erschwerend kommt hinzu, dass die Forschung von einem „verwirrend vielfältigen Stände- und Klassenbild des Mittelalters" spricht – was den Sachverhalt nicht gerade überschaubarer macht.

Mit anderen Worten: Nichts Genaues weiß man nicht.

Adel und Ritterschaft sind in Deutschland zweierlei. Nicht jeder Ritter ist adlig. Wenn man – und nun greifen wir ein wenig voraus auf die Zeit des Hochmittelalters – eine Art Gesellschaftspyramide aufstellen wollte, dann sähe sie in etwa so aus: Ganz unten stehen die Hörigen, dann folgen in dieser Reihenfolge Halbfreie, Ministeriale, Freie und Adlige. Wollte man – nach einem etwas anderen System – eine Ordnung nach gesellschaftlichen Klassen vornehmen, dann wären die der Tagelöhner, der armen Bauern, der bessergestellten Bauern, der herrschaftlichen Bauern, die der Ritter und schließlich die der Fürsten zu nennen.

Das Ganze ist also kompliziert. Trotzdem versuche ich Ihnen hier einen Überblick zu geben, so gut es eben möglich ist; wenden wir uns zunächst wieder dem Frühmittelalter zu.

Die frühmittelalterlichen germanischen Herrscher regierten überwiegend in Stammesstrukturen. Auch bei den Franken gab es unter den Merowingern noch keinen Adel. Erst im karolingischen Reich und dann unter den sächsischen und den salischen Herrschern wurden allmählich stammesübergreifende Strukturen geschaffen. Die Herrscher, die bisher vorwiegend Stammesführer, „Herzöge", eingesetzt hatten, mussten nun auch stammesunabhängige Funktionsträger als „Verwaltungsbeamte" anstellen. Diese Art von Adel per Hofamt war zunächst nicht erb-

[1] J. M. v. Winter, zitiert nach: Otto Borst: Alltagsleben im Mittelalter. Frankfurt/M. 1983, S. 63.

lich. Diese Ämter wurden vorwiegend an ritterliche Vasallen, aber auch an fähige Aufsteiger aus dem bäuerlichen Milieu vergeben.

Ihrer Mentalität nach waren die Menschen jener Zeit aber immer noch dem alten Stammesgedanken verpflichtet, und so wurden die ursprünglich nur einer einzelnen Person verliehenen Ämter samt der damit zusammenhängenden Ehre allmählich erblich. Bezahlt wurden die Adligen dieser Zeit vorwiegend mit Land, das ihnen zugewiesen wurde. Auf diese Weise entstand im Laufe der Zeit das Lehnswesen. Und da die Ämter und Würden erblich wurden, wurde es auch der Grundbesitz. Die Eigentümer dieser Güter könnte man als die „ersten Adligen" bezeichnen.

Die Entwicklung des Lehnswesens führte dazu, dass im 12. Jahrhundert, also im Hochmittelalter, bereits alle Herzogtümer und Grafschaften als Lehen vergeben waren.

Das Lehnswesen

„Ich hân mîn lêhen, al die werlt, ich hân mîn lêhen." („Ich habe mein Lehen, alle Welt, ich habe mein Lehen!")

Das ist der wohl bekannteste Ausruf der Literaturgeschichte zur Vergabe eines Lehens im Mittelalter. Und er stammt von keinem anderen als Walther von der Vogelweide (ca. 1170 bis ca. 1230), dem wahrscheinlich bekanntesten Dichter des Mittelalters. Allerdings ist die restliche Quellenlage mehr als dürftig: Wir wissen weder, wo dieses Lehen lag – vermutet wird es in der Nähe von Würzburg –, noch wissen wir, welcher Art es war. Immerhin aber dürfte der fahrende Sänger damit zu irgendeiner Art von Alterssicherung gekommen sein.

Das Lehnswesen wird auch als „Feudal-" oder „Benefizialwesen" bezeichnet und meint, vereinfacht ausgedrückt, die Verleihung von Grund und Boden oder auch von Hofämtern. Wahrscheinlich entwickelte es sich zunächst nach dem Vorbild des römischen Klientel- und später aus dem germanischen Gefolgschaftswesen. Zur be-

Walther von der Vogelweide,
Große Heidelberger Liederhandschrift, *um 1300*

sonderen Blüte gelangte es vor allem im Hochmittelalter.

Das Lehnswesen ist ein Leiheverhältnis, das auf der gegenseitigen Verpflichtung zur Treue beruht. Der Lehnsmann, der Vasall, verpflichtet sich gegenüber seinem Lehnsherren, dem *dominus*, zu militärischen, persönlichen oder zu Hofdiensten. Aber auch Geldzahlungen an den Lehnsherrn gehören zu den Pflichten, die er gleichzeitig mit dem Lehen übernimmt. Im Gegenzug erhält der Vasall das Lehen, das *beneficium*, meist Grund und Boden, manchmal auch ganze Dörfer oder gelegentlich weltliche und geistliche Ämter. Außerdem verpflichtet sich der Lehnsherr seinerseits zu „Schutz und Schirm" seinem Vasallen gegenüber. Für beide gilt die Pflicht zur gegenseitigen Achtung, was insbesondere für den Lehnsherren heißt, dass er seinen Vasallen weder schlagen, noch sich an dessen Frau oder Tochter vergreifen darf – man bedenke, dass im Mittelalter andere „Besitzverhältnisse" galten als heute.

Das Lehen wurde in den Anfängen auf Lebenszeit verliehen, blieb aber im Besitz des Lehnsherren. Mit der „Constitutio de feudis" Kaiser Konrads II. konnten die Lehen erblich werden. Etliche Lehnsherren verzichteten auf ihre Besitzansprüche, sodass das Lehen ganz in den Besitz des Vasallen überging, man spricht hier vom „Allodisierungsprozess" (*allod* = Eigengut).

Rechtlich besiegelt wurde der Lehnseid durch die Investitur (lat. *vestire* = einkleiden), die offizielle Einweisung ins Amt. Der Vasall legte seine Hände in die des Lehnsherren, diese Geste ist der sogenannte „Handgang". Ab dem 9. Jahrhundert gaben Vasall und Lehnsherr darüber hinaus einen Treueeid ab, seit dem 11. Jahrhundert wurde gelegentlich symbolisch ein Gegenstand an den Lehnsmann übergeben. Je weiter die Verschriftlichung der Gesellschaft voranschritt, umso häufiger wurde die Belehnung außerdem in einer Urkunde festgehalten.

Das Lehnswesen war in sich noch einmal hierarchisch gegliedert. Oberster Lehnsherr war üblicherweise der König oder Kaiser, der seine Fürsten belehnte, die damit zu seinen „Kronvasallen" wurden. Sie konnten ihrerseits Teile ihres eigenen Lehens weitergeben, und auch ihre Vasallen konnten weiter belehnen.

Adelspyramide im Mittelalter

König und Kaiser

Das deutsche Königtum war eine Fortsetzung des fränkischen Königtums. Seit Mitte des 11. Jahrhunderts war „König der Römer" *(rex romanorum)* der offizielle Titel des deutschen **Königs**. Um **Kaiser** zu werden, musste dieser sich in Rom vom Papst krönen lassen. Allerdings hat sich bereits Friedrich I. vor seiner Krönung als Kaiser bezeichnen lassen. Später entwickelte sich die Vorstellung, dass der zum deutschen König Erwählte zugleich auch „Erwählter Römischer Kaiser" sei. Der König war oberster Gerichts- und Lehnsherr.

Allein konnte der König allerdings nicht viel ausrichten. Oder anders ausgedrückt: Zu allen wichtigen Entscheidungen musste er den Rat (lat. *consilium*) der Großen seines Reiches einholen.

Fürsten

Diese „Großen" werden unter dem allgemeinen Begriff der „Fürsten" geführt. Im Lateinischen werden sie schlicht als *principes*, also als „die Ersten", bezeichnet. Und auch hier stehen wir wieder vor dem altvertrauten Problem der Mittelalterforschung: der mangelnden Quellenlage. Das heißt, es lässt sich nicht sagen, wann und wie sich der Stand der Fürsten herausgebildet hat.

Die Reichskrone des Heiligen Römischen Reiches im Hochmittelalter wird heute in der Weltlichen Schatzkammer der Wiener Hofburg aufbewahrt.

Am Anfang zählten zu den Fürsten alle hohen, adligen Lehnsträger, die ihr Lehen direkt vom König oder Kaiser bekamen. Man spricht hier von der „Reichsunmittelbarkeit". Diese Gruppe der Adligen bildete den „Reichsfürstenstand".

Vor der Mitte des 12. Jahrhunderts wurde der Begriff „Fürst" in einem allgemeinen, weit gefächerten Sinne verwendet und bezeichnete hochgestellte Geistliche und Laien, mitunter aber auch Ministeriale, also Personen, die bei Hof wichtige Ämter bekleideten und die später eine Teilgruppe des niederen Adels bildeten. Nach unten war der Begriff des Fürsten nicht genau abgegrenzt.

Ab etwa 1180 blieb dieser Titel beziehungsweise der des Reichsfürsten dann aber einem ausgewählten, mit besonderen Vorrechten ausgestatteten Kreis von weltlichen und geistlichen Adligen vorbehalten, zu denen unter anderem die Fürsterzbischöfe gehörten.

Aber auch das Kriterium der Reichsunmittelbarkeit des Lehens war nicht ausreichend, da dies auch auf viele Grafen und freie Herren zutraf, denen aber der Zugang zum Reichsfürstenstand verwehrt blieb. Deshalb gab es noch weitere lan-

Die sieben Kurfürsten

Das mittelhochdeutsche Wort *kur* oder *kure* bedeutet „Wahl". Die Kurfürsten wählten also den König. Darüber hinaus übte jeder der Kurfürsten ein sogenanntes Reichserzamt aus. Natürlich änderte sich die Zusammensetzung des Kurfürstenkollegiums im Laufe der Jahrhunderte, zu den ursprünglichen Kurfürsten aber gehörten die folgenden Adligen:

- drei geistliche Fürstbischöfe:
- der Erzbischof von Mainz als Reichskanzler für Deutschland
- der Erzbischof von Köln als Reichserzkanzler für Italien und
- der Erzbischof von Trier als Reichserzkanzler für Burgund,

sowie vier weltliche Fürsten:

- der König von Böhmen als Erzmundschenk
- der Pfalzgraf bei Rhein als Erztruchsess
- der Herzog von Sachsen als Erzmarschall
- der Markgraf von Brandenburg als Erzkämmerer.

Im 17. Jahrhundert wurde das Kurfürstenkollegium um zwei weitere Personen ergänzt:

- 1623 nahm der Herzog von Bayern das Amt des Pfalzgrafen ein, der seinerseits 1648 eine neue, achte Kurstimme sowie das neugeschaffene Amt des Erzschatzmeisters erhielt.
- 1692 trat der Erzherzog von Braunschweig-Lüneburg (Hannover) als Erzbannerträger hinzu.

Der Codex Balduineus (um 1340) enthält die erste bekannte bildliche Darstellung des Kurfürstenkollegiums: Die Kurfürsten wählen Heinrich von Luxemburg zum König. Es sind dies, kenntlich durch ihre Wappen (v. l. n. r.), die Erzbischöfe von Köln, Mainz und Trier, der Pfalzgraf bei Rhein, der Herzog von Sachsen, der Markgraf von Brandenburg und der König von Böhmen, der bei der Wahl Heinrichs in Wahrheit nicht anwesend war.

desrechtliche Kriterien. Der Fürst musste über eine einem Herzogtum ähnliche übergeordnete „Gebietsherrschaft über ein Land" verfügen, die außerdem mit einer übergeordneten Gerichtsbarkeit versehen war. Seit dem Beginn des 13. Jahrhunderts musste auch eine förmliche Erhebung in den Reichsfürstenstand stattfinden.

Für die Zeit um das Jahr 1190 lassen sich 92 geistliche, aber nur 22 weltliche Adlige ermitteln, die als Reichsfürsten anerkannt waren. Und wird es etwas verwirrend: Zu den weltlichen Reichs**fürsten** gehörten der **König** von Böhmen, die **Herzöge** des Reiches, die **Markgrafen** von Brandenburg, Meißen und Namur, der **Pfalzgraf** bei Rhein, der **Landgraf** von Thüringen und der **Graf** von Anhalt.

Der Prozess der Herausbildung und Ausdifferenzierung der Definition des Reichsfürstenstandes zog sich bis zum 14. Jahrhundert hin.

Die Reichsfürsten beanspruchten viele Vorrechte und Privilegien. Dazu zählten das Führen des fürstlichen Titels und der fürstlichen Prädikate, wie etwa die Anrede „Durchlaucht" oder lateinisch *illustris* im offiziellen Schriftverkehr. Reichsfürsten genossen zeremonielle Ehrenrechte und -ämter und bestimmte Privilegien im gerichtlichen Verfahren. Zu den wichtigsten Vorrechten der Reichsfürsten gehörte das Recht auf Teilnahme an der Wahl des Königs, was allerdings 1356 auf einen noch kleineren Kreis der sieben Kurfürsten eingeschränkt wurde: Sie hatten fortan das Recht, Grafen und freie Herren als Vasallen zu haben, das Recht zur Einrichtung von Hofämtern sowie die Verfügung über Zoll-, Gerichts- und Münzregalien.

Reichsfürsten konnten also auch Herzoge, Grafen, Markgrafen und andere sein. Und hierin zeigt sich ein Grundproblem bei der Einteilung adliger Rangstufen: Die Ränge sind – und das nicht nur im Mittelalter, sondern auch in späteren Jahrhunderten – nicht so scharf voneinander abgegrenzt. Damit lässt sich aber auch nicht so einfach sagen, welche Privilegien die einen und die anderen hatten und was beispielsweise den Grafen vom Markgrafen oder Fürsten unterschied. „Fürst" ist ja ohnehin vielfach ein Begriff, unter dem verschiedene Adelsränge subsummiert werden.

Ministeriale

Ein bisschen ausdifferenzierter wurde das System durch das Wesen der „Ministerialität". Ministeriale oder auch „Dienstleute" waren in ihren Ursprüngen unfreie Beamte des Königs im Hof-, Verwaltungs- und Kriegsdienst. Sie wurden von ihrem Grundherrn mit einer besonderen Funktion betraut, wie etwa der Leitung eines Hofes, der Führung der Finanzen (Kanzlei) oder der Leitung verschiedenster Besitzungen, etwa als Burgmannen. Allerdings gab es innerhalb der Ministerialität große Unterschiede, und ab dem 13. Jahrhundert ließ sich in der Praxis die „Unfreiheit" hochrangiger Ministeriale kaum noch von Freiheit unterscheiden.

Die Ministerialen bildeten innerhalb der Gruppe der Unfreien die oberste Schicht; sie waren Teil der herrschaftlichen *familia*. Innerhalb dieser war ihre rechtliche Stellung sehr unterschiedlich ausgeprägt, sie variierte außerdem von *familia* zu *familia*, und auch innerhalb der Gruppe der Ministerialen ein und derselben *familia* gab es deutliche Rangunterschiede. Und damit wären wir wieder beim beliebtesten Problem der Mittelalterforschung … Eike von Repgow formuliert es in seinem *Sachsenspiegel* mit den folgenden Worten: „Nun wundert euch nicht darüber, dass dieses Buch so wenig über das Recht der Dienstleute sagt. Es ist nämlich so mannigfaltig, dass niemand es ganz überblicken kann."[2]

Eike von Repgow, aus dem Oldenburger Sachsenspiegel

Aus welcher Bevölkerungsgruppe sich der Stand der Ministerialen bildete, darüber herrscht immer noch Uneinigkeit. Man nimmt an, dass es sich um zunächst niedere Schichten innerhalb der *familia* handelte, meist bäuerlichen Ursprungs, denen der Aufstieg gelungen war. Umgekehrt traten aber auch viele ursprünglich freie Adlige in die Ministerialität ein, nicht selten, weil sie sich damit in den Schutz der Herrschaft begaben.

Gegen „Aufsteiger" hat man sich im „alten" Adel übrigens damals schon abgegrenzt: Die Tatsache, dass oft rangniedrige Mitglieder der *familia* in den Stand eines Ministerialen erhoben wurden, sorgte schon im 11. und 12. Jahrhundert für Unmut unter den Fürsten. So wurde Kaiser Heinrich IV. (gest. 1106) vorgeworfen, dass er die niedrigsten Menschen ohne vornehme Vorfahren zu höchsten Ehren emporgehoben habe, sich mit ihnen Tag und Nacht berate und darauf sinne, den hohen Adel womöglich ganz auszurotten.

Genützt hat der Unmut den Fürsten allerdings wenig. Denn die Stauferkaiser setzten diese Politik der Salier fort und bauten sie sogar weiter aus. In der zweiten Hälfte des 12. Jahrhunderts lagen die Reichsverwaltung und die Heeresführung zu weiten Teilen in den Händen der großen Reichsministerialen, die in einzelnen Fällen zu Positionen aufstiegen, die denen der Fürsten glichen.

[2] Zitat aus dem *Sachsenspiegel* Eikes von Repgow, zitiert nach Joachim Bumke: Höfische Kultur, Band 1, S. 49.

Heinrich IV.

Die vornehmsten Ministerialen waren die des Königs, sie wurden auch „Reichsministeriale“ genannt. Daneben bildeten Bistümer und große Stifter eigene Ministerialitäten aus. Im 11. und 12. Jahrhundert gingen außerdem die weltlichen Fürsten dazu über, ihre Hofverwaltung nach dem Vorbild des Königshofes zu gestalten, und so wurden auch dort Hofämter eingeführt und mit Ministerialen besetzt.

Ministeriale wurden also unter anderem zu Leitern der zentralen Hofverwaltung in den entstehenden Territorien, zu Hütern der landesfürstlichen Burgen und zu Beauftragten der Fürsten in den Städten. Ihr Einfluss und ihre Macht wuchsen im Laufe der Jahrhunderte zusammen mit ihren Aufgaben. Es gab zwar nach wie vor große Rangunterschiede unter ihnen, man kann aber durchaus sagen, dass

Die wichtigsten Hofämter

Ministeriale bekleideten meist Hofämter. Darunter versteht man hohe Funktionen am königlichen oder einem sonstigen herrschaftlichen Hof. Hier seien einige der wichtigsten Ämter und ihre Bedeutung genannt:

- Der **Kämmerer** (lat. *camerarius*) war ursprünglich der persönliche Bedienstete – der Kammerdiener – des Fürsten. Zu dieser Vertrauensstellung gehörte zunächst auch die Sorge um dessen Finanzen, eine Funktion, die später an den Schatzmeister überging.
- Der **Marschall** (lat. *mareschallus*) beaufsichtigte ursprünglich den Marstall, den Pferdestall des Fürsten, stieg aber mit der Entstehung des Rittertums zum Oberbefehlshaber der Reitertruppen auf. Später bezeichnete der Titel allgemein einen hochrangigen Heerführer.
- Der **Truchsess** (oder Seneschall, lat. *dapifer*) war ursprünglich der Küchenmeister, dem die Aufsicht über die fürstliche Tafel zustand, der aber schon in fränkischer Zeit zum Leiter der gesamten Hofverwaltung aufstieg.
- Dem **Mundschenk** (lat. *pincerna*) oblag im frühen Mittelalter die Versorgung der fürstlichen Tafel mit Wein und anderen Getränken, seit karolingischer Zeit auch für die Verwaltung der königlichen Weingärten.
- Der **Brotmeister** (lat. *panetarius, panistarius* oder *pistor*) war zuständig für Brot und Gebäck und für das Wasser und die Tücher zur Reinigung der Hände; in Frankreich besaß der königliche Brotmeister zudem neben anderen Privilegien bis zum 17. Jahrhundert die Jurisdiktion über die Bäckerzunft von Paris.

bereits um das Jahr 1220 die großen Ministerialen ein Leben führten, das sich von dem des alten Adels kaum noch unterschied.

Ab dem 12. Jahrhundert durften sich die Ministerialen auch als milites, also „Ritter", bezeichnen, ein Titel, der bis dahin den Adligen vorbehalten gewesen war.

Während Ministeriale zu Beginn häufig nur als Burgmannen eingesetzt wurden, bauten sie sich in späterer Zeit ihre eigenen Ministerialenburgen.

Im 13. Jahrhundert starben etliche adlige Familien aus, der Anteil der Ministerialen am sogenannten „landsässigen" Adel, jenem Adel, der einer Territorialherrschaft unterworfen war, wurde größer. Das heißt, immer mehr Ministeriale und ihre Angehörigen lebten inoffiziell im Rang von Adligen. Inoffiziell wohlgemerkt. Denn rechtlich blieben die *nobiles*, also die Freien, und die *ministeriales* noch lange getrennt. Erst im 14. Jahrhundert sind die Ministerialen mit den Resten kleinerer freiherrlicher Familien verschmolzen. Vereinfacht ausgedrückt heißt das: Der niedere Adel war geboren.

Bekannte Ministeriale und Ministerialengeschlechter:

- Eike von Repgow (ca. 1180–1235), Verfasser des *Sachsenspiegels*
- Markward von Annweiler (gest. 1202), Reichstruchsess und Regent des Königreichs Sizilien
- Heinrich von Kalden (vor 1175 bis nach 1208), Reichshofmarschall
- Kuno I. von Münzenberg (gest. 1207), Reichskämmerer
- Friedrich von Stade (gest. 1135)
- Konrad von Winterstetten (gest. wahrscheinlich 1242/43), Reichsschenk
- Die Küringer
- Die Bolanden

Ritter

Wie verhält es sich nun mit den Rittern? Immerhin sind sie ein Inbegriff der mittelalterlichen Kultur. Ritter sind „edel", „mutig" und „heldenhaft". Sie ziehen aus, um Jungfrauen aus den Klauen schrecklicher Drachen zu befreien, gelegentlich retten sie auch gleich ganze Königreiche. Ehrenhaft benehmen können sie sich ohnehin, und außerdem sehen sie meistens verdammt gut aus.

Soweit das Ideal, wie wir es aus den großen Epen des Mittelalters kennen und wie es von Filmemachern und Autoren historischer Romane immer wieder reproduziert wird.

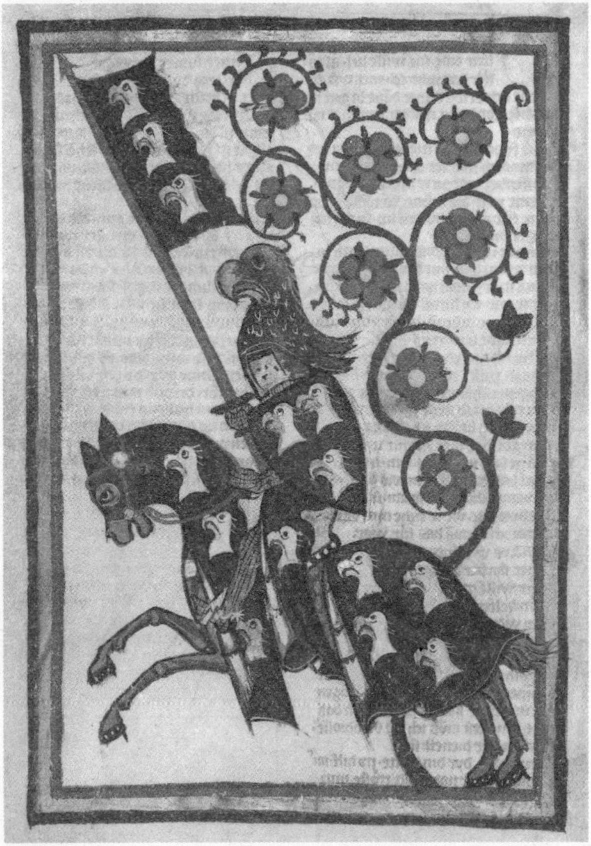

Hartmann von Aue: der ideale Ritter des Hochmittelalters, Codex Manesse

Gotischer Plattenharnisch, um 1400

Die Realität gestaltet sich dagegen etwas nüchterner. Am besten nähert man sich dem Begriff über das lateinische Wort *miles*, mit dem im 12. Jahrhundert ein Ritter bezeichnet wurde. Im klassischen Latein heißt das Wort zunächst nur „Krieger" und meint, ganz im Gegensatz zur Wortbedeutung im Mittelalter, den Fußsoldaten. *Militare* heißt auf Deutsch „Kriegsdienst leisten" oder einfach nur „dienen", und beide Wortbedeutungen blieben auch im Mittelalter erhalten. Aber im 10. und 11. Jahrhundert erhielt das Wort zwei neue Bedeutungsebenen: Der *miles* konnte nun zum einen auch den adligen Vasallen, den Lehnsmann, bezeichnen. Zum anderen wurden nun nicht mehr grundsätzlich alle Soldaten als *milites* bezeichnet, sondern nur noch die schwergewappneten Reiter.

Möglicherweise lässt sich die Bedeutungsänderung von der Antike zum Mittelalter dadurch erklären, dass die Ausbildung einer schweren Reiterei in der Karolingerzeit eng mit der Entwicklung des Lehnswesens und der Vasallität verbunden war. Für den höfischen Ritterbegriff, mit dem eben nicht nur Kampf, sondern auch moralische Werte verbunden sind, war es wichtig, dass ab dem 12. Jahrhundert – in Frankreich sogar schon etwas eher – als *miles* Angehörige des hohen und höchsten Adels bezeichnet wurden. Gleichzeitig war auch bei immer mehr Ministerialen von *milites* die Rede, die beiden Begriffe *ministeriales* und *miles* wurden am Ende des 12. Jahrhunderts nahezu als Synonyme verwendet. Dem Adel gleichgestellt waren die Ministerialen damit allerdings noch lange nicht.

Chrétien de Troyes schuf viele der Vorlagen für mittelhochdeutsche Ritterepen.

Das deutsche Wort „Ritter" (mhdt: *rîter*) ist seit der zweiten Hälfte des 11. Jahrhunderts bezeugt. Es gibt allerdings keine Belege dafür, dass der Begriff bereits im Althochdeutschen verwendet wurde, sodass man heute vermutet, dass es sich dabei um eine sprachliche Neuschöpfung des Mittelalters handelt. In den Texten des 12. Jahrhunderts wurden als „Ritter" meistens einfache Krieger oder Dienstmänner bezeichnet. Zugleich war mit dem Begriff aber auch eine Auszeichnung verbunden. Um 1170 findet man zum ersten Mal das Wort „ritterlich" in der Bedeutung von „schön", „prächtig" oder „stattlich". Der sogenannte höfische Ritterbegriff aber hat sich erst durch die Rezeption von Werken des altfranzösischen Dichters Chrétien de Troyes (ca. 1140 bis ca. 1190) herausgebildet: Seine Epen, darunter *Erec et Enide*, *Le Chevalier au Lion* oder, am berühmtesten, die Geschichte des Gralsritters Perceval, *Li Contes del Graal*, geben dem Ritterbegriff eine ganz neue Dimension von höfischer Bildung und einem dazugehörenden Moralkodex. Seit dem mittelhochdeutschen *Erec* Hartmanns von Aue war in der Literatur jeder Fürst und jeder König *der allertiureste man, der rîters namen ie gewan* („der allervornehmste Mann, der je die Bezeichnung als Ritter verdiente").

So ist allmählich aus dem alten römischen Soldaten, dem *miles*, im Mittelalter ein Adelsprädikat geworden. Dem Ritterbegriff hafteten nun bestimmte Charaktereigenschaften an wie Edelmut und Tapferkeit.

Die Tafelrunde des König Artus und die Ritter der Tafelrunde, Michel Gantelet, 1472

Diese Entwicklung ging allmählich vonstatten: Den Anfang dieser Bedeutungsverschiebung findet man in der „Gottesfriedensbewegung" im 10. Jahrhundert. Man versuchte, aus den teils marodierenden *miles* Menschen zu machen, die man weniger zu fürchten brauchte. Mit Unterstützung der Adligen führte die Kirche Schutzregeln ein, die jeder Christ einhalten musste, wollte er nicht riskieren, nach seinem Tod ewig in der Hölle zu schmoren. Die Gottesfriedensbewegung bildete so die Grundlage für eine Umerziehung der Ritter: weg von der Haudegenmentalität, hin zum Beschützen von Armen und Schwachen.

Doch erst als man begann, Waffen „moralisch" zu gebrauchen, wurde aus dem Krieger ein Ritter. Aus heutiger Sicht ist diese „Moral" allerdings eine höchst fragwürdige Angelegenheit. Denn die Waffen wurden im Dienst von Kirche und Religion geführt: Als *milites Dei*, als Krieger Gottes, begaben sich die Ritter auf Kreuzzug. Wer so seinen „Dienst" tat, adelte sich mittelalterlichem Verständnis zufolge zugleich auch moralisch.

Doch noch einmal zurück zu den Ministerialen des vorangegangenen Abschnitts: Ab Mitte des 13. Jahrhunderts finden sich mehr und mehr Urkunden, in denen von ihrer „ritterlichen Abkunft" die Rede ist, man spricht hier auch von der „Ritterbürtigkeit". Darin zeigt sich, dass die Umwandlung von der Ministerialität in den niederen Adel und ihre Verschmelzung mit den Resten des alten freiherrlichen Adels begonnen hatte.

So ist der Rittertitel im Mittelalter am unteren Rand des Adels zu einem Standesbegriff geworden. Nach „unten" waren die „Ritterbürtigen" abgegrenzt von all jenen, die die Auszeichnung der vornehmen Geburt nicht besaßen, nach oben gegen die hochadligen Familien, die sich nun „Herren" nannten. Ab dem Ende des 13. Jahrhunderts findet sich in manchen Territorien eine landständische Verfassung, in der unterhalb des „Herrenstandes" nun der „Ritterstand" anzutreffen ist, Nachkommen der alten Ministerialenfamilien. Natürlich gab es regionale Unterschiede. Insgesamt aber lässt sich sagen, dass der Ritterbegriff im 14. Jahrhundert zur Standesbezeichnung des niederen Adels geworden ist. Zum Ritter konnte nur geschlagen werden, wer bereits aus einer entsprechenden Familie stammte. Eine Ausnahme davon stellte die Erhebung in den Ritterstand für besondere Tapferkeit in einer Schlacht dar.

Die Ausbildung zum Ritter

Zur Hochblüte der Ritterzeit musste der angehende Ritter eine lange Vorbereitung durchlaufen. Bis zum siebten Lebensjahr blieb er unter der Obhut der Mutter, die für seine christliche Erziehung sorgte. Danach begann die Ausbildung zum Ritter, indem der Junge an den Hof eines Fürsten oder auch zu einem Ritter gesandt wurde, dem er als Edelknabe diente. Außerdem sollte er die feinen höfischen Sitten möglichst in unmittelbarer Nähe einer Edelfrau lernen. Zugleich wurde er von Geistlichen, von altbewährten Knappen und fahrenden Sängern in den Kenntnissen und Fertigkeiten unterrichtet, die die höhere Bildung des Mittelalters ausmachten. Von großem Umfang war diese Bildung allerdings nicht: Sie bezog sich hauptsächlich auf die Kenntnis der biblischen Geschichte und die Sagen und Begebenheiten der Vorzeit, hinzu kamen Musik, Gesang und Saitenspiel. Schreiben und Lesen waren keine allgemein verbreiteten Fertigkeiten. Nicht wenige Ritter waren *illiterati*, des Lateinischen Unkundige, wenn nicht gar völlige Analphabeten.

Eine Hauptaufgabe der Edelknaben lag darin, ihre körperliche Kraft und Gewandtheit auszubilden. Sie übten sich täglich im Laufen und Springen, lernten Reiten und Schwimmen, schossen mit der Armbrust, warfen „den schweren Stein" und übten sich im Gebrauch von Schild, Schwert und Lanze. Außerdem lernten die Knappen in dieser Zeit, die Angst vor Schmerz und vor Kälte zu überwinden.

Mit 14 wurde ein Edelknabe zum Knappen erhoben. In dieser Funktion stand er bei Versammlungen an der Seite seines Herrn. Er begleitete ihn bei Kriegshandlungen, ohne aber selbst schon zu kämpfen. Er half dem Ritter in die Rüstung und in den Sattel, außerdem trug er dessen Helm und Schild. Während der Feldzüge war er für die Verpflegung der Pferde und die Instandhaltung der Waffen zuständig; wenn sein Herr verwundet war, leistete er Hilfe.

Sobald der angehende Ritter seine „Knappschaft“ erfolgreich hinter sich gebracht hatte, in der Regel mit 21 Jahren, wurde er zum Ritter „befördert“ (zunächst per Schwertleite, später per Ritterschlag).

Die Schwertleite

Mit dem Zeremoniell der Schwertleite wurde der Knappe zum Ritter gekürt. Die Handlung symbolisierte die Wehrhaftmachung des jungen Mannes. Er war damit auch rechtlich zu selbstständigen Handlungen befugt und nun lehnsfähig. Außerdem wurde er mit der Schwertleite turnier- und stiftswürdig, im gerichtlichen Zweikampf galt er jetzt als ebenbürtig. In der Literatur ist auch davon die Rede, dass der Knappe damit „zum Mann wird“. Wann aus diesem Zeremoniell der Wehrhaftmachung die ritterliche Schwertleite wurde, lässt sich nicht mehr genau rekonstruieren. In Deutschland blieb noch das gesamte 12. Jahrhundert der Ausdruck „mit dem Schwert umgürten“ *(gladio accingere)* vorherrschend. Erst am Ende des 12. Jahrhundert findet sich zum ersten Mal der Ausdruck „zum Ritter machen“ *(militem facere)*. Das mittelhochdeutsche Wort *swertleite* ist seit etwa 1160 belegt, in verbaler Form spricht man auch vom *swert leiten*. Und um noch kurz beim Sprachgebrauch jener Zeit zu bleiben: Typisch waren auch Wendungen wie *wâfen nehmen* (die Waffen nehmen) oder auch *ritters namen gewinnen*; den angehenden Gralsritter Parzival lässt Wolfram von Eschenbach sagen: „ine will niht langer sîn ein kneht, ich sol schildes ambet han“ („Ich will nicht länger ein Knappe sein, ich möchte Schildes Amt haben“). Wichtig bei all dem ist vor allem, dass in der zweiten Hälfte des 12. Jahrhunderts das alte Dienstwort „Ritter“ in das hochadlige Zeremoniell der Schwertleite eingeführt wurde. Womit der Begriff selbst natürlich auch eine Bedeutungsverschiebung erfuhr.

Die Schwertleite Rolands (Rolandslied)

Noch ein paar Worte zu den Wappen, die in dieser Zeit entstanden: Mit dem Aufkommen geschlossener Rüstungen, vor allem aber als die Ritter begannen, ihren Kopf durch den „Topfhelm“ zu schützen, ließ sich in der Schlacht nicht

Das Zeremoniell der Schwertleite

Um es auch hier gleich wieder vorwegzunehmen: Eine einheitliche Zeremonie gab es nicht. Aber Grundelemente, die sich bei der Mehrheit der Schwertleiten finden.

Bekannt aus Romanen und Filmen sind vor allem das rituelle Bad des künftigen Ritters und seine anschließende Nachtwache in einer Kapelle. Beides ist allerdings eher typisch für Frankreich und England gewesen, aus Deutschland sind diese beiden Einleitungsrituale nicht überliefert.

Außerdem sind wir zur Rekonstruktion einer mittelalterlichen Schwertleite auf die zeitgenössische Literatur und Miniaturmalerei angewiesen. Eine der bekanntesten Darstellungen stammt aus dem *Tristan* des Gottfried von Straßburg: Die Festgesellschaft besucht erst die Messe im Münster und empfängt den Segen, danach – und das ist nun der entscheidende Teil des Zeremoniells – umgürtet Tristans Onkel Marke den Helden mit dem Schwert und legt ihm seine Sporen an. Er ermahnt ihn, die ritterlichen Werte zu achten und bietet „ihm auch noch den Schild dar". Mit der „Schwertweihe" verpflichtet sich der neue Ritter zum Schutz der Witwen und Waisen.

Später wurde die Schwertleite zunehmend durch den „Ritterschlag" verdrängt.

Beide Zeremonien sind nicht immer genau voneinander abzugrenzen, sie vermischten sich oftmals oder kamen gleichzeitig in derselben Region vor. Das vereinfachte Ritual des Ritterschlages erwies sich jedoch besonders dann als besser geeignet, wenn mehrere Knappen gleichzeitig zum Ritter ernannt werden sollten, man spricht hier auch von der „Massenpromotion" zum Ritter.

Topfhelm des 13. Jahrhunderts, Deutsches Historisches Museum Berlin

Als Beispiel eines Wappens hier dasjenige der Grafen von Monfort

mehr erkennen, wer in den Rüstungen steckte, ob es ein „Freund“ oder ein „Feind“ war. Daher wurde nun an Helm und Schild ein Wappen geführt, das die kämpfende Person sozusagen „auswies“. Diese Wappen waren erblich, jede Familie hatte ihr eigenes Familienwappen.

Damit ein Ritter an einem Turnier teilnehmen durfte, musste er anhand der Wappen seiner Vorfahren nachweisen, dass er von vier ritterbürtigen Großeltern abstammte. Man spricht hier von der „Adels-“ oder auch der „Ahnenprobe“. Auch später war dieser Adelsnachweis noch häufig von Bedeutung, etwa, um einem Stift oder einem Ritterorden beizutreten. Wenn diese adlige Abstammung von anderen Adligen bestätigt werden muss, nennt man diesen Vorgang die „Aufschwörung“. Mit diesem Procedere wollte sich der alte Adel gegen Neugeadelte abgrenzen und damit seine Privilegien schützen.

Der „ehrbare Ritter“

Wie sich ein Ritter zu verhalten hatte und welche besonderen Tugenden er ausbilden sollte, davon gibt die Literatur des Hochmittelalters eine ziemlich klare Vorstellung. Und diese umfasst gleich einen ganzen Wertekatalog. Dazu gehören unter anderem:

- *diemute*: Demut
- *êre*: ritterliches Ansehen, Würde
- *güete*: Freundlichkeit
- *hôher muot*: seelische Hochstimmung, hohe Gesinnung
- *höveschkeit*: Höfischkeit, Höflichkeit
- *manheit*: Tapferkeit
- *mâze*: maßvolles Leben, Zurückhaltung
- *milte*: Freigiebigkeit, Großzügigkeit
- *staete*: Beständigkeit, Festigkeit
- *triuwe*: Treue
- *werdekeit*: Würde
- *zuht*: Erziehung nach festen Regeln, Anstand, Wohlerzogenheit

»Adel liegt einzig und allein in der Tugend.«

Juvenal (1./2. Jahrhundert n. Chr.)

Die ritterlichen Tugenden bestehen damit aus persönlichen und sozialen Normen, die zum einen das Ansehen des Rittertums und damit des Adels überhaupt erhalten und begründen *(êre, zuht)*, zum anderen aber auch die Ordnung der sozialen Beziehungen der Menschen festigen und garantieren sollen. Sie dienen damit zudem der Legitimation des Adels als des vornehmsten Standes.

Sie fußen auf den militärischen Tugenden „Treue“ und „Tapferkeit“, übersteigen diese jedoch weit. Die *höveschkeit*, aus der sich der neuhochdeutsche Begriff der Höflichkeit herleitet, bezeichnet die Umgangsformen am Hof.

> *„Ich verachte den Adel, welchen bloß das Glück erteilt und der nicht durch persönliche Verdienste erworben und unterstützt ist.“*
>
> Ulrich Reichsritter von Hutten (1488–1523)

Soweit das Ideal in der Dichtung. Einen ganz anderen Eindruck von der Ritterschaft haben dagegen diejenigen, die den Herren täglich begegnen. Der Prinzenlehrer Petrus von Blois (gest. nach 1204) etwa schildert das „vorbildliche“ Verhalten der Ritterschaft folgendermaßen: „Der Orden der Ritter besteht heute darin, keine Ordnung zu halten. Denn derjenige, der am meisten seinen Mund mit unflätigen Worten besudelt, der am abscheulichsten flucht, der am wenigsten Gott fürchtet, der die Diener Gottes verächtlich macht, der die Kirche nicht ehrt, der wird heute im Kreis der Ritter als der tüchtigste und berühmteste geachtet.“[3] Aber damit haben sich die Beschwerden des Petrus von Blois noch nicht erschöpft: „Auch heute empfangen die Ritter ihre Schwerte vom Altar und sollen geloben, dass sie Söhne der Kirche sind und dass sie das Schwert empfangen haben zur Ehre der Priester, zum Schutz der Armen, zur Bestrafung der Übeltäter und zur Befreiung des Vaterlandes. Aber diese Sache hat sich ins Gegenteil verkehrt. Denn sobald sie mit dem Rittergürtel geschmückt sind, erheben sie sich gegen die Gesalbten des Herrn und wüten im Erbland des Gekreuzigten. Sie plündern und berauben die unbemittelten Diener Christi und, was schlimmer ist, sie unterdrücken erbarmungslos die Armen und sättigen am Schmerz der anderen ihre eigenen verbotenen Gelüste und ihre außerordentlichen Begierden.“[4]

Und Petrus von Blois ist mit seiner Tirade noch lange nicht fertig …

Nun mag man dagegenhalten, dass es sich hier um die sehr einseitige Sicht eines durch seine Tätigkeit bei Hof reichlich frustrierten Klerikers handelt. Aber wenn die Dichter in den höfischen Epen und der Minnelyrik ihr Ideal vom vorbildlichen Ritter postulieren, dann verfolgen auch sie damit vor allem ein Ziel: ihrer Gegenwart, die von der Umsetzung dieser Ideale eben weit entfernt ist, zu zeigen, wie es eigentlich sein sollte. Insofern sind die Klagen des Petrus und die Verherrlichung etwa des Artushofes in der Dichtung Hartmanns von Aue oder der Gralsburg des Wolfram von Eschenbach zwei Seiten derselben, in der Realität eher unerfreulichen Medaille.

Die Ausbildung der Frauen

Adlige Männer, zuallererst die Ritter, wurden im Kriegshandwerk ausgebildet. Und die Frauen? Ihnen blieb die Handarbeit. Spinnen, weben, nähen und sticken zu können hatte in der Ausbildung weiblicher Adliger einen hohen Stel-

[3] Petrus von Blois, zitiert nach Bumke, Band 2, S. 431.

[4] Ders., zitiert nach Bumke, Band 2, S. 432.

Die Versuchung Christi aus dem Albani-Psalter, 12. Jahrhundert, Dombibliothek Hildesheim

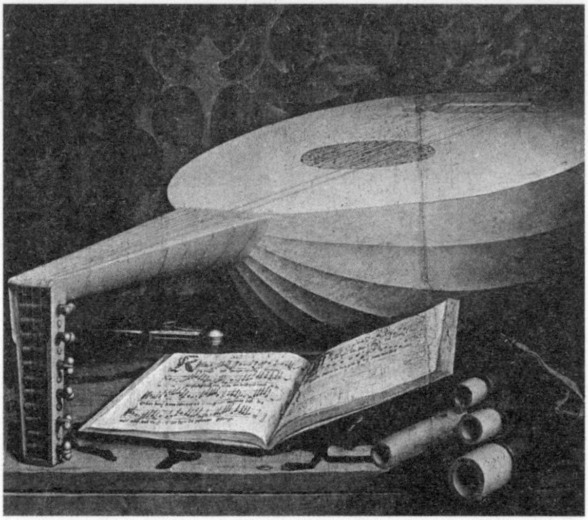

Instrumente zu lernen gehörte zur Ausbildung adliger Mädchen im Mittelalter. Das Bild zeigt eine Laute auf einem Gemälde Hans Holbeins des Jüngeren.

lenwert. Und tatsächlich brachten es einige Frauen in diesen Fertigkeiten zu hohem Ansehen. Von der Kaiserin Kunigunde (gest. 1033) heißt es, sie sei „in Grammatik und in anderen Wissenschaften ebenso erfahren wie in der Fertigkeit, kirchliche Gewänder mit Gold und Edelsteinen zu verzieren". Dies aber führt uns gleich zum nächsten Punkt. Denn anders als die Ritter, die vielfach Analphabeten waren, konnten zahlreiche Mädchen lesen und schreiben. In Verbindung damit haben viele von ihnen auch beachtliche Kenntnisse im Lateinischen erworben, sodass sie den Psalter auf Latein lesen konnten. Ein großer Teil der kostbaren Psalterien, die aus der höfischen Zeit erhalten sind, waren vermutlich für Frauen bestimmt. Allerdings stand diesen nur die „Laienbildung" offen, gelehrtes Wissen blieb ihnen verwehrt. Nichtsdestotrotz gab es auch im Mittelalter hochgebildete Frauen, wie etwa Königin Judith von Böhmen.

Nicht jedem gefiel es allerdings, wenn Frauen allzu gebildet waren. Das zog bloß Unzucht nach sich! Der Jurist Philippe de Novare war einer der rigorosen Gegner weiblicher Bildung: „Eine Frau soll man nicht im Lesen und Schreiben unterrichten", schreibt er, „außer wenn sie eine Nonne werden will. Denn vom Lesen und Schreiben der Frauen ist manches Übel gekommen." Und nun folgt die Begründung: „Es gibt nämlich Männer, die es wagen, ihnen Briefe mit Dummheiten und Bitten in Form von Liedern oder Gedichten oder Erzählungen zu übergeben, zu schicken oder zuzuwerfen, was sie nicht mündlich zu bitten und zu sagen wagen würden und auch nicht durch Boten entbieten." Und das wird nun für alle Frauen gefährlich, auch für die, die eigentlich keinerlei Nahverhältnis zum Leibhaftigen pflegen. Denn der würde sie trotzdem dazu bringen, diese Briefe zu lesen und zu beantworten. Dann aber würde „die Schwäche der natürlichen Beschaffenheit der Frau" zu einem gefährlichen Briefwechsel mit dem Mann führen.[5] Erstaunlicherweise ist trotz des initialen Briefes, den in diesem Szenario eindeutig ein Mann schreibt, die Frau verantwortlich für sämtliche Folgen …

Weit weniger schädlich für Seelenheil und Moral war für adlige Mädchen das Erlernen eines Instruments. Außerdem mussten sie singen und tanzen können, durften aber auch eher „intellektuelle" Spiele wie Schach erlernen.

Und dann war da noch der ganze Katalog der Anstandsregeln für adlige junge Frauen. Der Dichter Thomasin von Zirklaere (ca. 1186 bis ca. 1238) zählt in seinem Lehrgedicht „Der welsche Gast" unter anderem folgende auf:

- Eine Dame soll nicht mutwillig scherzen.
- Eine Dame soll einen fremden Mann nicht direkt ansehen.
- Eine junge Dame soll wohlgefällig und nicht zu laut sprechen.
- Eine Dame soll beim Reiten nicht ihre Hand aus dem Kleid herausstrecken; sie soll Augen und Kopf stillhalten.
- Eine Dame, die auf Anstand achtet, soll nicht ohne Mantel ausgehen (…). Es verstößt gegen die gute Sitte, wenn irgendein Teil ihres Körpers unbedeckt zu sehen ist.
- Eine junge Dame soll wenig sprechen, wenn man sie nicht fragt; eine erwachsene Dame soll auch nicht viel sprechen, besonders beim Essen.
- Keine sittsame Frau soll sich von einem Mann anfassen lassen, der nicht das Recht dazu hat[6]

Noch ein wenig detaillierter beschreibt Robert de Blois (Mitte des 13. Jahrhunderts) die Verhaltensregeln für adlige Frauen: „Vor allem will ich euch warnen, ihr Damen, dass ihr nicht streitet." Tun sie es nämlich, sich streiten, dann fehlen ihnen „Verstand und courtoisie".[7] Abgegrenzt wird das Verhalten der Dame aus der hohen Gesellschaft ausdrücklich von der *dörperkeit*", also dem Benehmen der Bauern.

Im Grunde genommen waren die Tugendkataloge von Rittern und adligen Damen nicht so unterschiedlich, lediglich der Akzent wurde anders gesetzt. Denn für die Frauen bestand tugendhaftes Benehmen vor allen Dingen darin, dass sie ihren Ruf rein erhielten, und dieser richtete sich in erster Linie auf ihr sexuelles Verhalten. Schamhaftigkeit, Keuschheit und Reinheit standen ganz oben in der Tugendliste der Frauen. Daran schlossen sich Werte eines primär passiven Verhaltens an:

[5] Philippe de Novare, zitiert nach Bumke, Band 2, S. 475 f.
[6] Thomasin von Zirklaere, zitiert nach Bumke, Band 2, S. 478.
[7] Robert de Blois, zitiert nach Bumke, Band 2, S. 478.

Auszug aus einem Gedicht des Teichners

(Mitte des 14. Jahrhunderts)

Da leit nicht an daz ein fraw vil reden chan	Es ist nicht nötig, dass eine Frau viel reden kann.
waz bedarf si reden mer?	Wozu soll sie viel reden können?
wann si schaft ir haus er	Wenn sie für das Ansehen des Hauses sorgt
und den pater noster chan	und wenn sie das Paternoster kann
und auch straft ir unertan	und wenn sie die Bediensteten tadelt
und die weist auff rechte fuog,	und zu rechtem Benehmen anhält,
dar an chan si rede gnuog,	dann versstehtsie genug vom Reden,
dazz nicht disputierns darf	so dass sie keiner Kunst des Disputierens
auss den siben chünsten scharf.	aus den sieben hohen Künsten bedarf.

Der Heilige Ludwig IX. und seine Frau Margarete von der Provence, die sich mit ihrer ebenso gebildeten Schwiegermutter Blanka übrigens nicht sehr gut vertrug.

Blanka von Kastilien war eine der einflussreichsten Frauen des Mittelalters.

Sanftmütigkeit, Bescheidenheit, Barmherzigkeit, Güte, Demut und Gehorsam. Letzteren zuerst ihren Eltern gegenüber, nach der Eheschließung musste sie sich dem Mann unterordnen.

Besonders schön nimmt sich im Zusammenhang mit dem Ruf nach Zurückhaltung auch die Forderung aus, eine intelligente Frau solle ihren Verstand nach Möglichkeit nicht allzu deutlich zeigen. Hierzu noch einmal Thomasin von Zirklaere: „Wenn sie mehr Verstand hat, so soll sie den Anstand und die Weisheit besitzen, nicht zu zeigen, wie viel Verstand sie hat. Man will sie nicht als Herrscherin haben. Ein Mann soll in vielen Wissenschaften bewandert sein.

Die Erziehung einer vornehmen Dame schreibt vor, dass eine Edelfrau, die anständig und von guter Abstammung ist, nicht zu viel Klugheit besitzt. Einfältigkeit steht ihr gut an." Es sei noch einmal daran erinnert, dass vor allem die Ritter *illiterati* waren …

Bei aller Unterordnung der Frau unter den Mann sei der Vollständigkeit halber jedoch erwähnt, dass es auch im Mittelalter Frauen gab, die Regentschaften übernahmen. Hierzu zählen unter anderem Beatrix von Burgund (gest. 1184) oder Blanka von Kastilien (gest. 1252), die Ehefrau Ludwigs VIII., oder Margarete von der Provence (gest. 1295), die Frau Ludwigs IX. Auch diese Reihe höchst selbstständig agierender Frauen kann noch lange fortgesetzt werden.

Liebe und Sexualität

„Man soll es den Männern erlauben, aber nicht den Frauen." Dieses Zitat aus einem Minnelied Albrechts von Johansdorf kann als Leitfaden für die mittelalterliche Sexualmoral adliger Männer und Frauen gelten. Wenn ein Mann mit mehreren Frauen ins Bett ging, gereichte ihm das zur Ehre, bei einer Frau minderte es dagegen ihren Wert. Nebenbei gesagt: So entsetzlich weit hat sich unsere heutige Sexualmoral von der des Mittelalters noch gar nicht entfernt.

Viel ist über die sexuellen Praktiken des Adels im Mittelalter nicht zu erfahren. Aus den Berichten geistlicher Autoren lässt sich allerdings der Eindruck gewinnen, dass Gewalttätigkeiten der Männer an der Tagesordnung waren. Und auch sexuelle Ausschweifungen standen keineswegs immer im Gegensatz zu einem positiven Herrscherbild, wie man am Beispiel des Herzogs Konrad von Schwaben (gest. 1196) erkennen kann. Über ihn heißt es: „Er war ein Mann, der sich gänzlich dem Ehebruch, der Hurerei und Schändung und jeglichen Schwelgereien und Unzüchtigkeiten hingab; gleichwohl war er tüchtig und kühn im Kampf und freigiebig gegenüber seinen Freunden."

Natürlich wurde ein solches Verhalten auch kritisiert, am häufigsten von den Dichtern, die auch hier der Realität den Idealzustand gegenüberstellten, wie etwa Hartmann von Aue in seinem Epos *Iwain*: Der Ritter übernachtet in einem Raum mit einer ihm nicht verwandten Frau, macht aber keinerlei Annäherungsversuche. Hartmann kommentiert das mit den Worten: „Wer sich nun darüber wundert, dass […] er sie nicht berührte, der weiß nicht, dass ein anständiger Mann sich all dessen enthalten kann […]. Doch gibt es, weiß Gott, derer nur sehr wenige."[8]

[8] Zitat aus dem *Iwain* des Hartmann von Aue, V. 6574–82.

Die moralisch „verdorbene" Eleonore von Aquitanien …

… und die nicht minder „verkommene" Bertrade von Montfort

Bei aller Kritik bleibt im Ergebnis dennoch festzuhalten, dass die Sexualmoral des Mittelalters mit zweierlei Maß maß. Und das auch, wenn es um Trennung oder Scheidung ging. Als etwa König Ludwig VII. seine Frau Eleonore von Aquitanien verließ, dauerte es nicht lange, bis der Vorwurf laut wurde, sie habe ein Verhältnis gehabt. So eine Frau benehme sich nicht wie eine Königin, sondern wie eine Hure. Erst recht geraten Frauen in diesen Ruf, wenn sie ihrerseits den Mann verlassen. Gräfin Bertrade von Montfort (gest. nach 1115) ist eine solche Frau. Zwar hatte ihr erster Mann, Graf Fulko, seinerseits bereits zwei Frauen verstoßen, und ihr späterer Mann, König Philipp I., galt als „wollüstiger König" – die Schuld an dem Skandal, der durch ihre Scheidung von Fulko entstand, wurde aber Bertrade zugeschoben. Sie wurde als „Ehebrecherin", als „ganz Verdorbene" und als „schamlose Kebse", das mittelalterliche Wort für „Hure", beschimpft. Möglich, dass sie sich tatsächlich vom niedrigeren in den höheren Rang geschlafen hat, entscheidend ist aber, dass man es ihr anlastete, wohingegen Männer Frauen verlassen durften, ohne ihren Ruf damit zu gefährden.

Aufstieg durch Heirat – Heinrich VIII. und seine Frauen

Auch das Emporkommen durch Eheschließung war ein mögliches Lebensmodell für Frauen. Aber eines, das nicht immer und vor allem nicht jeder Frau zu empfehlen war. Am allerwenigsten ist es den Frauen Heinrichs VIII. Tudor von England (1491–1547) bekommen. Sechs Ehen schloss er, zwei davon endeten für die Frauen … nennen wir es einmal „unerfreulich", zwei tragisch: Die Ehen mit seiner ersten Frau, Katharina von Aragón, und mit seiner vierten, Anna von Kleve, wurden auf Heinrichs Veranlassung „nur" geschieden. Die erste Ehe war arrangiert worden, was zwar absolut kein Grund für eine Scheidung gewesen wäre, aber Heinrich hatte seine „Gründe" für die Trennung. Für seine vierte Frau Anna aber hatte er sich aus freien Stücken entschieden, nachdem ihm ihr Bild so ausnehmend gut gefallen hatte. Vom Original selbst war er dann allerdings derart enttäuscht, dass er die Ehe nach eigenen Aussagen gar nicht erst „vollzog". Nach einem halben Jahr quasi nicht existenten Ehelebens ließ er sich von Anna scheiden. Diese war offenbar über das Schicksal zweier ihrer Vorgängerinnen – Scheidung im einen und Enthauptung im anderen Fall – gut genug informiert, um „freiwillig“ in die Scheidung einzuwilligen. Als Dank wurden ihr ein hohes Einkommen und zwei Residenzen zugesprochen. Überraschenderweise sollen Heinrich VIII. und Anna von Kleve nach Annullierung der Ehe sehr herzlich miteinander umgegangen sein. Auch mit ihrer Nachfolgerin hatte Anna freundschaftlichen Kontakt.

Als Ehemann begehrt und gefürchtet: Heinrich VIII. auf einem Gemälde Hans Holbeins des Jüngeren

Katharina und Anna waren die beiden Frauen, die ihre Ehe mit Heinrich verhältnismäßig gut überstanden. Anna gefiel dem König, wie gesagt, ganz einfach nicht. Sowas kann passieren … Bei Katharina hingegen dürfte der Grund für die Scheidung nicht deren mangelnde Attraktivität, sondern vielmehr die auffallende Anziehungskraft einer anderen Frau gewesen sein. Auch sowas gibt's: dass einem die eigene Gattin plötzlich weniger gefällt als eine andere „unverbrauchte“ Frau, und normalerweise lässt sich das in Königskreisen regeln: Die Königin bleibt Königin, und die andere wird zur Mätresse. Solange der König sie eben unverbraucht und neu genug findet. Genau dieser Rolle aber verweigerte sich Anne Boleyn, die Dame seiner Wahl. Was vermutlich weniger mit Moral zu tun hatte als mit Kalkül. Sie wusste, was Heinrich wollte und wie unbedingt er es wollte, und sie verlangte dafür ihren Preis: selbst Königin zu werden. Und das gelang ihr auch. Katharina von Aragón wurde als Ehefrau Nummer eins abgesetzt und, wenn auch ohne Einwilligung der Kirche, von Heinrich geschieden. Anne wurde neue Königin. Als sie dem König allerdings nicht den gewünschten männlichen Erben gebar, kam er zu der Überzeugung, sie sei eine Hexe. Sein Überdruss an Anne, sein zunehmendes Interesse an ihrer jungen Hofdame Jane Seymour – der späteren dritten Frau – und Hofintrigen sorgten dafür, dass Anne Boleyn ohne viel Aufhebens der Prozess gemacht wurde. Am 2. Mai 1536 wurde sie wegen mehrfachen Ehebruchs, inzestuöser Beziehungen zu ihrem Bruder und wegen eines angeblichen Plans, den König umzubringen, angeklagt. Keiner dieser Vorwürfe gilt als bewiesen, dennoch wurde Anne Boleyn am 19. Mai 1536 hingerichtet.

Elf Tage später heiratete Heinrich VIII. seine dritte Frau, Jane Seymour. Sie gebar Heinrich endlich den gewünschten Sohn, den späteren König Edward VI., starb aber im Jahr 1537, also nur ein Jahr nach ihrer Hochzeit, am Kindbettfieber. Dieses Mal trauerte Heinrich tatsächlich. Seine vierte Frau, die bereits mehrfach erwähnte Anna von Kleve, heiratete er erst im Jahr 1540.

Aber die Ehe mit Anna hielt bekanntlich nur ein halbes Jahr, ohne je "vollzogen" zu werden, und unmittelbar nach der Annullierung heiratete Heinrich seine fünfte Frau, die 30 Jahre jüngere Katharina Howard – die übrigens eine Cousine Anne Boleyns war. Außerdem scheint es in Heinrichs Leben Tradition gewesen zu sein, sich jeweils in die Hofdamen seiner aktuellen Ehefrauen zu verlieben, bei Katharina war das nicht anders als seinerzeit bei Jane Seymour, der Hofdame Anne Boleyns. Aber die fünfte Ehe blieb wieder kinderlos, zudem machte sich der Altersunterschied bemerkbar: Während Heinrich unter Migräne, Problemen mit den Beinen und möglicherweise auch noch der Syphilis litt und sich am Abend früh zurückzog, ging seine junge Frau auf Bälle – und begann eine Affäre. Nun war Katharina schon vor der Hochzeit mit Heinrich nicht unbedingt für sexuelle Abstinenz bekannt gewesen. Aber einen König betrügt man besser nicht, zumindest sorgt man dafür, dass es niemand erfährt. Katharina aber war unvernünftig. Und Heinrich ließ sie verhaften. Nicht nur ihr, auch ihren Liebhabern, und zwar auch denen, die sie vor ihrer Eheschließung gehabt haben dürfte, wurde der Prozess gemacht. Sie alle wurden zum Tode verurteilt. Am 13. Februar des Jahres 1542 wurde Katharina Howard enthauptet und ihr Leichnam ohne Erinnerungstafel neben dem von Anne Boleyn unter dem Kirchenschiff der Kirche des Towers von London bestattet. Katharinas Geburtsdatum ist nicht genau bekannt, sie dürfte bei ihrem Tod aber erst zwischen 17 und 21 Jahre alt gewesen sein.

Erst Heinrichs sechste Frau, Katharina Parr, die er im Jahr 1543 heiratete, überlebte ihren Mann, wenn auch nur um eineinhalb Jahre. Heinrich starb am 28. Januar 1547, Katharina am 5. September 1548. Wie es ausgegangen wäre, wenn …, weiß niemand.

Über Heinrich VIII. – oder auf Englisch: Henry Tudor – und seine Ehefrauen gibt es in England den Abzählvers:

Divorced, Beheaded, Died, Divorced, Beheaded, Survived.

In Übersetzung und chronologisch angeordnet heißt das:

Geschieden …
Katharina von Aragón, 1485–1536

… geköpft …
Anne Boleyn, 1501/1507–36

… gestorben …
Jane Seymour, ca.1509–37

… geschieden …
Anna von Kleve, 1515–57

... geköpft ...
Katharina Howard, zwischen 1521 und 1525–42

... überlebt
Katharina Parr, 1512–48

Adliges Leben im Mittelalter

Wenn wir an adlige Kultur denken, dann fällt uns meist als Erstes der Luxus am Hof Ludwigs XIV. ein. Aber auch die höfische Literatur des Mittelalters vermittelt uns ein recht „erhabenes“ Bild adligen Lebens, man denke nur an die Schilderung des Hofes von König Artus: Lauter hochkultivierte, wohlerzogene Männer, gesittete, liebenswürdige Damen, immer opulent gedeckte Tafeln. Die Burgen im Mittelalter sind grundsätzlich prunkvoll ausgestattet. Und alle oder zumindest fast alle sind nett zueinander. Manchmal gibt es zwar den einen oder anderen Kampf, aber insgesamt ist das ein Leben, um das wir den Adel damaliger Zeiten auch heute noch beneiden können.

Sicher, den Adligen des Mittelalters ging es besser als den armen Bauern. Ob wir es uns wirklich wünschen sollten, ein paar Jahrhunderte in die Vergangenheit zurückzureisen, sei aber dahingestellt.

Nehmen wir nur einmal das Leben auf einer mittelalterlichen Burg:

Burgen waren kalt. Zumindest im Winter. Der einzige beheizte Raum war meist die Kemenate, der Schlafraum. Und es war eng auf einer Burg, wenigstens auf den kleinen Adelsburgen, die sich im Standard deutlich von den Prunkbur-

Ausschnitt einer Abbildung der Ruine von Burg Steckelberg, auf der es alles andere als gemütlich gewesen sein dürfte

gen des Hochadels unterschieden. Auch der Lebensstil war hier weniger höfisch, sondern eher bäuerlich und die Ausstattung eher karg als opulent: ein Bett, eine Truhe für die Kleider, Tisch und Stühle. Das bequemste Möbelstück in einer Burg war das Bett. Allerdings mussten nicht wenige Ritter auch ganz einfach auf Strohlagern schlafen.

Der Reichsritter Ulrich von Hutten schildert sein Leben auf der Burg Steckelberg bei Fulda folgendermaßen (seine Beschreibung aus dem Jahr 1518 dürfte auch zwei- oder dreihundert Jahre vorher bereits ihre Gültigkeit besessen haben):

> *Die Burg selbst, mag sie auf dem Berg oder im Tal liegen, ist nicht gebaut, um schön, sondern um fest zu sein; von Wall und Graben umgeben, innen eng, da sie durch die Stallungen für Vieh und Herden versperrt wird. Daneben liegen die dunklen Kammern, angefüllt mit Geschützen, Pech, Schwefel und dem übrigen Zubehör der Waffen und Kriegswerkzeuge. Überall stinkt es nach Pulver, dazu kommen die Hunde mit ihrem Dreck, eine liebliche Angelegenheit, wie sich den-*

Der Kamin der Burg Steckelberg

ken lässt, und ein feiner Duft! Reiter kommen und gehen, unter ihnen sind Räuber, Diebe und Banditen. Denn fast für alle sind unsere Häuser offen, entweder weil wir nicht wissen können, wer ein jeder ist, oder weil wir nicht weiter danach fragen. Man hört das Blöken der Schafe, das Brüllen der Rinder, das Hundegebell, das Rufen der Arbeiter auf dem Felde, das Knarren und Rattern von Fuhrwerken und Karren; ja wahrhaftig, auch das Heulen der Wölfe wird im Haus vernehmbar, da der Wald so nahe ist. Der ganze Tag, vom frühen Morgen an, bringt Sorge und Plage, beständige Unruhe und dauernden Betrieb. Die Äcker müssen gepflügt und gegraben werden; man muss eggen, säen, düngen, mähen und dreschen. Es kommt die Ernte und Weinlese. Wenn es dann einmal ein schlechtes Jahr gewesen ist, wie es bei jener Magerkeit häufig geschieht, so tritt furchtbare Not und Bedrängnis ein, bange Unruhe und tiefe Niedergeschlagenheit ergreift alle.[9]

Denken wir auch an die Tischkultur. Ich möchte es einmal so sagen: Es gibt Appetitlicheres als eine „vornehme" mittelalterliche Tafel.

In seiner „Hofzucht" gibt der Minnesänger Tannhäuser aus dem 13. Jahrhundert etwa folgende Ratschläge: Man solle die abgegessenen Knochen nicht wieder in die Schüssel zurücklegen. Man solle nicht mit dem Finger in den Senf oder die Soße fassen, sich nicht im Tischtuch die Nase putzen, sich beim Essen nicht über den Tisch legen, sich nicht kratzen … Besonders „vornehm" hört sich das nicht an.

Aber natürlich sind diese Anweisungen keine Abrechnung mit schlechtem Benehmen bei Tisch, sie spiegeln vielmehr die Realität wider: Besteck gab es kaum, man aß mit den Fingern, als Teller diente eine Scheibe Brot. Man musste demnach zwangsläufig mit den Fingern in die Schüsseln greifen, auch das Trinkgefäß musste man sich häufig mit dem Tischnachbarn teilen. Wer sich den Mund wischen oder auch die Nase putzen wollte, konnte nur aufs Tischtuch oder die eigene Hand zurückgreifen. Beides galt als unzumutbar für die restliche Tischge-

[9] Ulrich von Hutten, zitiert nach Otto Borst: Alltagsleben im Mittelalter, S. 95.

Burg Königstein im Taunus, eine der größten Burgruinen Deutschlands

Türme der inneren Burganlage auf der Festung Rosenberg, Oberfranken

sellschaft, der einzige Ausweg schien daher der Ärmel der eigenen Kleidung zu sein. Die Anweisungen lassen also nicht auf ein mangelhaftes Benehmen schließen, es sind ganz einfach Hygienevorschriften aus einer Zeit, die weder Besteck noch Servietten oder Taschentücher kannte. Und der Adel unterschied sich auch deutlich von den Bauern, von denen es hieß, sie würden durchaus vom Brot abbeißen und es danach wieder in die Schüssel werfen. Höfisches Selbstverständnis gab es also sehr wohl.

Trotzdem sind Mittelalterromane das eine, die Realität dieser Epoche, selbst die der materiell Gutgestellten, aber etwas ganz anderes.

Blüte und Niedergang des Adels

Im Hochmittelalter hatte sich die Adelslandschaft also schon recht weit differenziert, es gab unterschiedliche Ränge. Dieses System ist aber keineswegs statisch, eine Familie, die einmal einen Rang bekleidete, musste ihn keineswegs über die Jahrhunderte in derselben Form beibehalten: Die Ministerialen waren zum Teil in den Rang des niederen Adels aufgestiegen. Einigen der edelfreien Geschlechter, also jenen adligen Familien, deren Besitz kein Lehen war, die also niemandem außer dem König oder Kaiser unterstanden, stiegen im Laufe der Zeit zu mehr oder weniger souveränen Herrschern ihrer Territorien auf; ihre Herrschaftsgebiete nannte man später „reichsunmittelbar", eben weil sie ausschließlich dem König unterstanden. Andere Edelfreie wurden dagegen durch ihre materielle Situation gezwungen, sich einem Lehnsherrn zu unterwerfen oder in die Ministerialität einzutreten. Und dann wiederum eigneten sich einige große Reichsministeriale die Königsgüter an, die sie ursprünglich nur hatten verwalten sollen, oder erhielten sie vom König als Reichslehen in erblichem Besitz. Diese Familien stiegen damit gemeinsam mit den unabhängig gebliebenen edelfreien Familien in den hohen Adel auf, der sich allmählich herausbildete. Dazu gehörten Herzöge, Fürsten und regierende Grafen.

Dieser Umformungsprozess hatte im 14. Jahrhundert weitgehend seinen Abschluss gefunden. Was nun folgte, war die Bemühung des hohen Adels, sich gegenüber der königlichen und kaiserlichen Zentralgewalt zu emanzipieren. In Deutschland – ebenso in Italien – gelang das auch. Hier entstanden aus den ursprünglichen Territorien eigene Staaten in Form von Herzogtümern, Markgrafschaften, Pfalzgrafschaften, Landgrafschaften, Grafschaften und anderen Herrschaften. Hinzu kamen noch die Fürstbistümer und Fürstabteien. In England und vor allem in Frankreich gingen diese Prozesse nicht so weit. Es bildeten

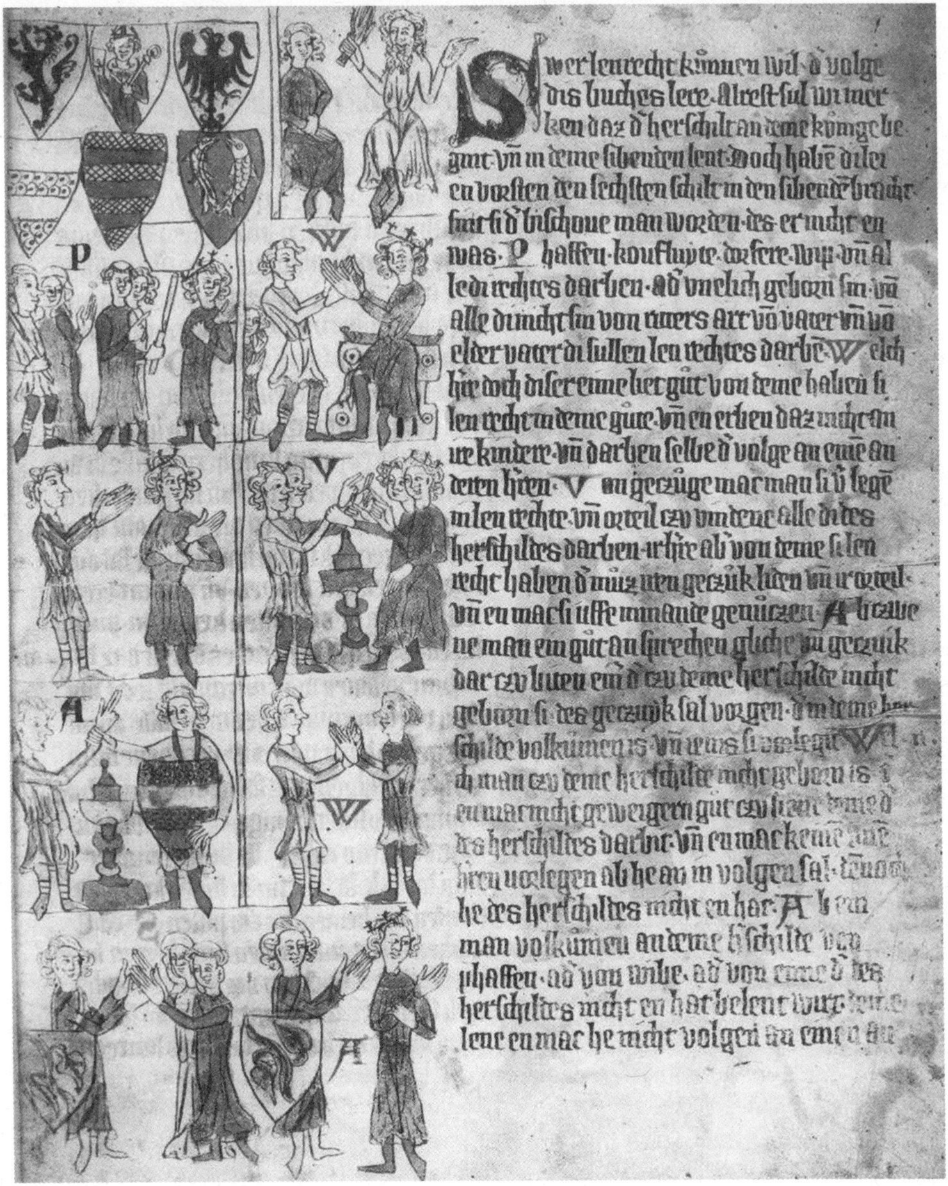

Die Heerschildordnung des Eike von Repgow bietet eine Standesgliederung der mittelalterlichen Gesellschaft. Universitätsbibliothek Heidelberg, Cod. Pal. Germ. 164, fol. 1r.

Die Heerschildordnung

Ein „Modell", nach dem der Adel im Mittelalter hierarchisch untergliedert wurde, ist die sogenannte Heerschildordnung. Ursprünglich diente sie dazu, militärische Ränge festzulegen, im *Sachsenspiegel* Eikes von Repgow wurde sie uminterpretiert in eine gesellschaftliche Pyramide – in die Bauern und städtische Bürger übrigens gar nicht erst einbezogen wurden!
Insgesamt gab es sieben Heerschilde:

- Der **erste** Heerschild war der König oder Kaiser als oberster Lehnsherr.
- Im **zweiten** Heerschild folgten die geistlichen Reichsfürsten, wie Bischöfe und Äbte.
- Den **dritten** Heerschild stellten die weltlichen Reichsfürsten.
- Den **vierten** Heerschild bildeten die Grafen und freien Herren.
- Es folgten im **fünften** Heerschild die Schöffenbarfreien, Lehnsmänner der freien Herren und Ministeriale.
- Im **sechsten** Heerschild waren deren Vasallen bzw. Lehnsleute begriffen.
- Und über den unbenannten **siebten** Heerschild erfahren wir im *Sachsenspiegel* nur wenig Genaues, sowohl was dessen Zusammensetzung anbelangt als auch darüber, ob er überhaupt einen Heerschild im eigentlichen Sinne darstellte.

Der erste bis vierte Heerschild umfasst die Angehörigen des hohen Adels.

sich zentral organisierte nationale Staaten mit einem Besitz- und Hofadel, der zwar begütert war, doch keine eigenständige Regierungsgewalt ausübte, sondern im Dienst der zentralen Monarchie stand.

Die Ständegesellschaft

Der Adel war also von Beginn an eine privilegierte Gruppe. Es etablierte sich zwar im späten Mittelalter in vielen Städten ein Bürgertum, dessen Lebensstandard deutlich höher war als der so manch adliger Familie. Das änderte aber über Jahrhunderte hinweg nichts an der hervorgehobenen Stellung des Adels als gesellschaftliche Klasse. Die Rede ist von der „Ständegesellschaft".

Die Gesellschaft des Mittelalters und der frühen Neuzeit gliederte sich in verschiedene Stände, man spricht hier auch von „Geburtsständen". Ein Wechsel vom einen in den anderen Stand war zwar möglich, aber nicht alltäglich.

Im Großen und Ganzen lassen sich drei Stände unterscheiden:

- Der 1. Stand umfasste die Gruppe aller Geistlichen, das heißt Angehörige der hohen Geistlichkeit wie auch des niederen Klerus.
- Der 2. Stand bestand aus Mitgliedern des Adels, sei es aus dem Hochadel, dem niederen Adel oder auch aus dem oft verarmten Landadel (Wehrstand).

– Der 3. Stand umfasste alle freien Bürger, manchenorts auch freie Bauern (Nährstand).

An der Spitze der Ständepyramide standen die Fürsten und der König oder Kaiser beziehungsweise bei den Geistlichen die Bischöfe und der Papst. Im dritten Stand dagegen war die große Mehrheit der Bevölkerung versammelt, die keine oder nur sehr begrenzte Herrschaftsrechte (zum Beispiel gegenüber dem Gesinde) besaß. An diesem System wurde über lange Zeit auch nicht gerüttelt, es wurde als die von Gott gewollte Ordnung angesehen, und diese zweifelte man nicht einfach so an.

Die Ständezugehörigkeit war keineswegs vom Vermögen abhängig. Ein reicher Kaufmann war immer noch ein Bürger, selbst wenn sein Wohlstand den vieler Adliger bei Weitem übertraf.

Und auch die gesellschaftlichen Aufgaben waren klar zugewiesen: Der erste Stand, der Klerus, hatte für das Seelenheil zu sorgen, der zweite Stand, der Adel, sollte Klerus und Volk gegen Feinde verteidigen, Aufgabe des dritten Standes war die Arbeit.

Symbolische Darstellung des Kaisers als Spitze der ständischen Ordnung: Die weltlichen und geistlichen Stände (einschließlich des Papstes) huldigen Kaiser Maximilian I. Aus: Liber missarum der Magarethe von Österreich, *von Petrus Almaire (um 1515).*

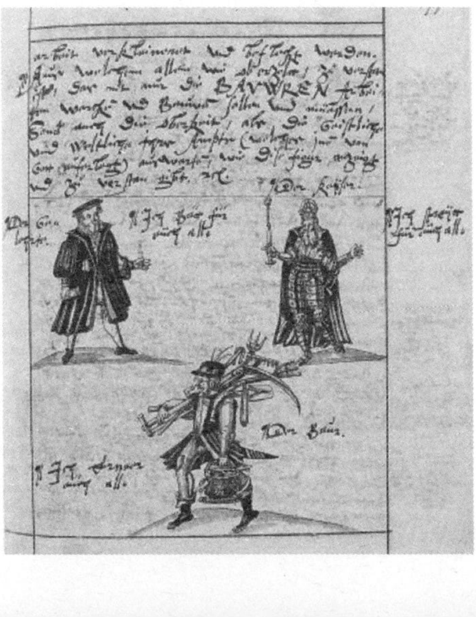

„Die Drei Stände" in der handschriftlichen Chronik der Herrschaft Grüningen von 1610. Der Gelehrte betet für alle, der Kaiser streitet für alle, der Bauer ernährt alle.

Dye Grundtlichen Vnd rechten haupt Artickl/aller Baurschafft vnd Hyndersessen der Gaistlichen vnd Weltlichen oberkaytē/von wölchen sy sich beschwert vermainen.

Titelblatt einer Flugschrift mit den 12 Artikeln, die die Forderung der aufständischen Bauern fixierte

Dieses ständische System fächerte sich zwar im Laufe der Zeit auf und wurde damit wesentlich differenzierter. An der grundsätzlichen Ordnung aber wurde bis ins 18. Jahrhundert nicht gerüttelt. Auch Martin Luthers Denken blieb übrigens tief in dieser Geisteshaltung verwurzelt. Wenn er in seiner Schrift *Von der Freiheit eines Christenmenschen* schreibt: „Ein Christenmensch ist ein freier Herr über alle Dinge und niemand untertan", dann schränkt er bereits im nächsten Satz ein: „Ein Christenmensch ist ein dienstbarer Knecht aller Dinge und jedermann untertan."

Damit postuliert er ausschließlich die theologische Freiheit des Menschen, zum gesellschaftlichen Umsturz ruft er keineswegs auf. Im Gegenteil: Als sich die aufständischen Bauern auf Luther beriefen, distanzierte er sich ausdrücklich von dieser Lesart seines Textes und führte wahre Hetzreden gegen die Bauern.

Wichtig war die Standeszugehörigkeit nicht nur im Hinblick auf persönliche Freiheit oder gar den Lebensstandard. Es ging dabei vielmehr auch um politische Entscheidungsbefugnisse und diese waren den privilegierten Stände, Klerus und Adel vorbehalten. Sie bildeten die sogenannten Landstände, ohne deren Zustimmung der Landesherr nahezu handlungsunfähig war. Später erhielten auch die Städte ein Mitspracherecht, Bauern und Unfreie dagegen waren im politischen Sinne stimmlos. Mit dem Aufkommen absolutistischer Herrschaftssysteme ging die Machtbefugnis der Stände und damit auch die des Adels dann aber auch ihrerseits deutlich zurück.

Der Reformator Martin Luther, hier in einer Darstellung Lucas Cranachs des Älteren aus dem Jahr 1528, war ein strikter Gegner der Bauernaufstände.

Der Theologe und einstige Bewunderer Luthers, Thomas Müntzer, unterstützte dagegen die gewaltsamen Aufstände.

Der Adel in der frühen Neuzeit

Seine Blütezeit hatte der Adel in Europa vom Hochmittelalter bis ins späte 18. Jahrhundert hinein. Seine Funktion änderte sich dabei in der Ständegesellschaft mit ihrer Ständeordnung bis in die Zeit des Absolutismus stetig. Diesen Prozess im Einzelnen nachzuzeichnen, würde den Umfang des vorliegenden Buches allerdings sprengen. Im Früh- und Hochmittelalter setzten die Landesherren für ihre Regierungsgeschäfte fast ausschließlich Geistliche ein, aus einem ganz einfachen Grund, der uns schon aus dem Mittelalter bekannt ist: Sie selbst konnten meist nur schlecht lesen und schreiben, des Lateinischen waren sie schon gar nicht mächtig. Ab dem 15., noch stärker aber im 16. und 17. Jahrhundert, wurden mit dieser Aufgabe stattdessen zunehmend lateinkundige Bürgerliche betraut. Diese Bürgerlichen, meist Rechtsgelehrte, versuchten nun, kraft ihrer Ämter die Macht des Adels zu beschneiden. Auf der einen Seite. Auf der anderen stiegen sie durch die Verleihung von Adelsbriefen oft selbst in den Adelsstand auf (zur Verleihung von Adelsbriefen kommen wir an späterer Stelle). Wenn es ihnen allerdings nicht gelang, Grundherrschaften zu bekommen, blieb dieser „Briefadel", wie er genannt wird, meist unter sich, der alte Adel grenzte sich von dieser Art „Aufsteigern" so gut es ging ab.

»Meine Ureltern waren Bandkramer, die Ritter haben vom Stegreif g'lebt, den Krämern Zoll abgenommen, auf deutsch, sie ausg'raubt. ... jetzt frag ich also, warum ist das edler, wenn man von die Räuber, als wenn man von die Beraubten abstammt?«

Johann Nepomuk Nestroy (1801–62)

Nun zur Geschichte des Niedergangs des Adels: Mit der Französischen Revolution am Ende des 18. Jahrhunderts etablierte sich zunehmend das aufsteigende Bürgertum, viele Bürger übernahmen nun staatliche und gesellschaftliche Aufgaben, die bis dahin von Adligen wahrgenommen worden waren. Wirtschaftlich beendete die Bauernbefreiung im 18. und 19. Jahrhundert die Feudalherrschaft des Adels.

Dazu ein wenig Sozialkritik: Noch im 16. Jahrhundert bestand die deutsche Bevölkerung zu neun Zehnteln aus abhängigen Bauern. Sie waren nicht Eigentümer ihrer Höfe und ihres Landes. Sie hatten keine Erbzinsgüter Römischen Rechts, sondern nur ein widerrufliches, nicht vererbliches Nutzungsrecht, das ihnen ein Grundherr gewährte. Als Gegenleistung dafür schuldeten die Bauern ihm Fronen und Naturalabgaben. Ihre Kinder mussten auf dem Gut des Grundherrn in vielen Territorien Gesindezwangsdienste tun. Der Frondienst musste mit Arbeiten wie Pflügen, Eggen, Säen, Mähen, Dreschen, aber auch Bau- und Kriegsfuhren einschließlich der Gestellung der Zugtiere geleistet werden. Viele Bauern waren leibeigen und unterlagen der Schollenpflicht, das heißt, sie waren an das Territorium, auf dem sie lebten, gebunden, und weder sie noch ihre Nachfahren durften es verlassen. Zu den Naturalabgaben kam oft noch der ursprüngliche Kirchenzehnt hinzu, der im Laufe der Jahrhunderte an einen Grundherrn veräußert oder verpfändet worden war.

Und genau dieses System, dem der Adel seine ökonomische, politische und gesellschaftliche Vorrangstellung verdankte, geriet im 18. Jahrhundert, im Zuge der Aufklärung und verstärkt nach der Französischen Revolution, in zunehmende Kritik. Erste vorsichtige Reformen wurden begonnen. In Frankreich wurde zwischen 1789 und 1793 das Feudalsystem radikal abgeschafft. Weniger radikal waren die Veränderungen in Deutschland in der französischen Zeit zwischen 1806 und 1813. Immerhin wurde in den von Frankreich direkt kontrollierten oder mit ihm verbündeten westdeutschen Staaten die Leibeigenschaft aufgehoben und zuweilen auch die Möglichkeit zur Ablösung der übrigen feudalen Pflichten geschaffen. In Preußen wurde durch das Oktoberedikt 1807 formal die gesamte Feudalordnung beendet, hier sollten fortan weder ständische Schranken noch persönliche Unfreiheit bestehen.

Der Prozess der Bauernbefreiung verlief in den deutschen Herrschaftsgebieten unterschiedlich und zog sich über fast 100 Jahre hin, als weitgehend abgeschlossen galt er aber im Jahr 1850. Ganz unproblematisch war die Befreiung aus den alten Abhängigkeitsverhältnissen aber auch für die Bauern nicht. Denn allen Regelungen war gemeinsam, dass die Bauern für die Befreiung bezahlen mussten; der technische Begriff lautete „Ablösungen". Diese Summen waren so hoch, dass die meisten Höfe damit überfordert waren. Staatliche Kreditkassen mussten durch günstige, langfristige Kredite Hilfe leisten, was aber auch zu langfristiger Verschuldung führte.

»Ja, mich dünkt zuweilen, der Teufel, der Adel und die Jesuiten existieren nur so lange, als man an sie glaubt.«

Heinrich Heine

Der ursprünglich landbesitzende Adel lebte nun nicht mehr von Diensten und Abgaben. Der aufkommende Kapitalismus und die Industrialisierung taten das ihre, um die Vorherrschaft des Adels weiter zu schmälern. Die bürgerliche Bildung gewann deutlich an Wert, die traditionellen Aufgabenbereiche des Adels, der hohe Militärdienst, das Diplomatenamt und die Laufbahn als Geistlicher, erwiesen sich im Vergleich dazu nun als weniger wertvoll.

Adlige Lebensformen in der Neuzeit

Da die Entwicklung des europäischen Adels im Mittelalter ihren Anfang genommen hat, ist diese Epoche hier recht ausführlich beschrieben worden. Die folgenden Jahrhunderte habe ich dagegen im Vergleich dazu etwas „stiefmütterlich" behandelt. Nun denken wir allerdings beim Bild des „klassischen" Adels meist eher an spätere Epochen, an die Pracht absolutistischer Herrschaftshäuser etwa. Und deshalb möchte ich hier nun noch ein paar Details hinzufügen, die beleuchten, wie Adlige nach dem Mittelalter gelebt haben.

Privilegien

Die frühe Neuzeit, deren Beginn ungefähr Ende des 15. Jahrhunderts angesetzt wird, „erbte" vom Mittelalter eine komplett ausgebildete Adelswelt. Allerdings eine, die sich von Region zu Region deutlich unterschied. Ebenso unterschieden sich auch die Privilegien der Adligen von Land zu Land.

Ein wesentliches Privileg des Adels war die Anrede. Sie variierte je nach Rang, allen Formen gemein war aber, dass sie nur Adligen zustanden.

Darüber hinaus hatten viele Adlige einen besonderen Ehrenplatz in der Kirche. Sie durften besonders kostbare Stoffe wie etwa Seide tragen und sich damit deutlich von anderen sozialen Schichten abheben. Sie konnten eine Straußenfeder am Hut oder als Zivilist einen Degen tragen.

Auch rechtlich waren Adlige anders gestellt als etwa Städter oder Bauern: Sie durften nur von Ihresgleichen gerichtet, nicht in Schuldhaft genommen oder gefoltert werden. Wenn die Todesstrafe über sie verhängt wurde, dann durfte man sie nur „ehrenvoll" mit dem Schwert richten, nicht „ehrlos" hängen. Eine Ausnahme bildete hier allerdings der Fall des Hochverrats. Ein „adliges Wort" hatte vor Gericht mindestens so viel Gewicht wie der Eid eines Nichtadligen. Bei Prozessen bot also allein schon die Standeszugehörigkeit einige Vorteile. Und auch wenn ein Adliger verurteilt wurde, dann hatte er es, vielleicht nicht immer, aber doch häufig, selbst in dieser Situation noch besser als Nichtadlige. Er durfte seine Gefangenschaft in mehreren Räumen einer Festung verbüßen und wurde einigermaßen anständig verpflegt.

Mancher Adlige hatte darüber hinaus für seine Güter die Patrimonialgerichtsbarkeit inne, das heißt, er war selbst Gerichtsherr. War er dafür nicht qualifiziert oder schrieben die Gesetze es anders vor, so musste er Rechtsgelehrte bestellen und durch sie die Gerichtsbarkeit ausüben.

Bestimmte Güter konnten in Preußen und Dänemark nur von Adligen erworben werden, in Polen, Ungarn und ab dem Jahr 1762 auch in Russland war der Erwerb von Grund und Boden generell nur Adligen gestattet. Auch das Jagdrecht war dem Adel vorbehalten.

Auf die politischen Vorrechte Adliger in Reichs- und Landtagen wurde bereits eingegangen. Außerdem hatten sie häufig einen mehr oder weniger exklusiven Anspruch auf bestimmte Herrschafts- und Gerichtsrechte sowie auf einzelne Ämter. Offiziers- und Diplomatenposten waren weitgehend dem Adel vorbehalten, ebenso höhere Positionen in Regierung, Justiz und Verwaltung. Außerdem durften ausschließlich Adlige bestimmten geistlichen Stiften, Kapiteln oder Ritterorden beitreten. Nicht selten war übrigens der Weg ins Kloster eine Art „Versorgung" von Adligen, die nicht zur Ehe vorgesehen waren. Ob

Das traurige Leben Iwans VI.

Adelsprivilegien und ein Leben im Luxus sind nur die eine Seite der Medaille. Die andere stellen Intrigen dar, die nicht selten tragisch enden. Wahrscheinlich niemand wird Iwan VI. Antonowitsch um sein Leben beneiden: Er wurde 1740 in St. Petersburg geboren und bereits mit zwei Monaten, am 17. Oktober, von seiner Großtante, Zarin Anna Iwanowna, zum russischen Thronfolger ernannt. Sie folgte damit dem Testament Zar Peters I., des Großen, der verfügt hatte, dass nicht mehr der Erstgeborene der neue Zar werden solle, sondern der jeweils regierende Zar seinen Nachfolger bestimmen müsse.

Die Ehre des künftigen Zaren Iwan dauerte aber genau bis zum 25. November 1741, dann wurde er von der Tochter Peters des Großen, Elisabeth Petrowna, wieder entthront, die damit für die nächsten 20 Jahre selbst die Macht an sich riss. Iwans Eltern verbannte sie in das Kloster Cholmogory, das Kind ließ sie ab dem Alter von sechs Jahren von seinem Vater und den Geschwistern – die Mutter war inzwischen gestorben – getrennt gefangen halten und später auf die Festung Schlüsselburg nahe St. Petersburg bringen. Hier verbrachte Iwan sein gesamtes restliches Leben, unter der Aufsicht zweier Wächter, für die er lediglich der „Gefangene Nummer eins" war. Im Jahr 1764 wurde er ermordet, angeblich weil er zu fliehen versucht hatte.

Zar Peter III. besucht im Jahr 1762 Iwan VI. Antonowitsch in der Festung Schlüsselburg.

Iwan Antonowitsch, der völlig ohne eigenes Verschulden zwischen die Mühlsteine höfischer Machtpolitik geraten war, starb mit 24 Jahren, die letzten 23 davon hatte er in Gefangenschaft verbracht.

Auch seine vier Geschwister lebten die meiste Zeit in Haft, der Zugang zur Bildung war ihnen genau wie ihrem Bruder Iwan strikt verboten. Erst im Jahr 1780 entließ Zarin Katharina II. die mittlerweile Erwachsenen nach Dänemark zu ihrer Tante.

man das nun als Privileg oder Beeinträchtigung der persönlichen Freiheit bezeichnen möchte, sei dahingestellt. Unter Umständen war besonders für Frauen der Weg ins Kloster besser als der in die Ehe mit einem zwar adligen, aber ungeliebten oder sogar gewalttätigen Ehemann.

Von staatlichen Lasten wie Steuern, Fronen, Einquartierungen oder dem persönlichen Milizdienst waren Adlige zumeist befreit. Und wo sie von den Steuern nicht ganz enthoben waren, zahlten sie doch einen deutlich niedrigeren Satz als Nichtadlige. Dieses Sonderrecht änderte sich allerdings im Zeitalter des Absolutismus.

Standesgemäßes Leben

Es versteht sich von selbst, dass der Lebensstandard eines Adligen sich deutlich abheben musste von dem des „gemeinen Volkes", schon um zu zeigen, dass man „etwas Besseres" darstellte. In der Praxis war das gar nicht immer der Fall, denn einige Patrizier waren zum Teil materiell deutlich besser gestellt als manch einer, der auf die Anrede mit „Durchlaucht" bestehen konnte.

Wenn wir aber einmal annehmen, dass ein Angehöriger des Adelsstands sich auch genau den Luxus leisten konnte, der seinem oder ihrem Rang gemäß war, dann bedeutete das unter anderem Folgendes:

Von der „Kleiderordnung" war ja bereits weiter oben die Rede. Besonders im 16. und im 17. Jahrhundert – im 18. Jahrhundert lockerte sich das allmählich – regelten Vorschriften, wer was tragen durfte. Adligen stand es zu, sich in teuren Materialien wie Seide, Brokat oder Pelz zu kleiden, in Abgrenzung zu den deutlich billigeren Woll- oder Leinenstoffen Nichtadliger. Der Schmuck bestand aus Edelmetallen, Juwelen und Perlen. Adlige parfümierten und puderten sich, außerdem waren sie fast schon verpflichtet, die ständigen Modewechsel mitzumachen. Diese Unsitte hat sich übrigens auch in Nichtadelskreisen nahtlos ins bürgerliche Zeitalter des 20. und 21. Jahrhunderts hinübergerettet …

Auch beim Essen unterschied sich der Adel vom einfachen Volk. Es gab mehrere Gänge, häufig Fleisch, auf das der Adel durch das Jagdrecht natürlich Zugriff hatte, außerdem teuren Wein. Besonders bei Festmahlen demonstrierte man durch die Vielfalt und die Menge der Speisen seinen Reichtum. Importierte Gewürze waren ein besonderes Merkmal von Wohlstand.

Seit etwa dem späten 17. Jahrhundert kamen als besondere Luxusgüter die exklusiven Importwaren Kaffee, Tee, Tabak, Zucker und Schokolade hinzu.

Diese Esskultur blieb für den Hochadel übrigens nicht ohne Folgen: Die klassischen Zivilisationskrankheiten machten sich bemerkbar: Gicht, Rheuma und Fettleibigkeit.

Eine Modeerscheinung des Spätbarocks: die Allongeperücke, eine langlockige und große Perücke für Männer, hier in einem Bild des Malers Nicolas de Largillière

Das „Kaffee-Experiment“ Gustavs III.

Nicht alle Adligen schienen allerdings vom segensreichen Importartikel Kaffee so überzeugt gewesen zu sein. Der schwedische König Gustav III. hat im 18. Jahrhundert einer Anekdote zufolge nachzuweisen versucht, dass Kaffee giftig sei: Zwei Schwerverbrecher dienten ihm dabei als Probanden. Den einen der beiden Männer zwang er, über einen längeren Zeitraum viel Tee, den anderen, viel Kaffee zu trinken. Zwei Ärzte sollten das Experiment überwachen. Was ihnen allerdings nicht zur Gänze gelang. Denn beide starben, bevor die Versuchsreihe beendet werden konnte. Auch der Kaffeeskeptiker Gustav III. überlebte das Experiment nicht, er fiel allerdings einem Attentat zum Opfer.

Der teetrinkende Verbrecher hingegen wurde 83 Jahre alt, er starb als erster der beiden Versuchspersonen. Das Alter seines zum Kaffeekonsum gezwungenen „Kollegen“ ist nicht überliefert. Da es sich bei den beiden jedoch um Zwillingsbrüder handelte, dürfte er ein noch höheres Alter erreicht haben.

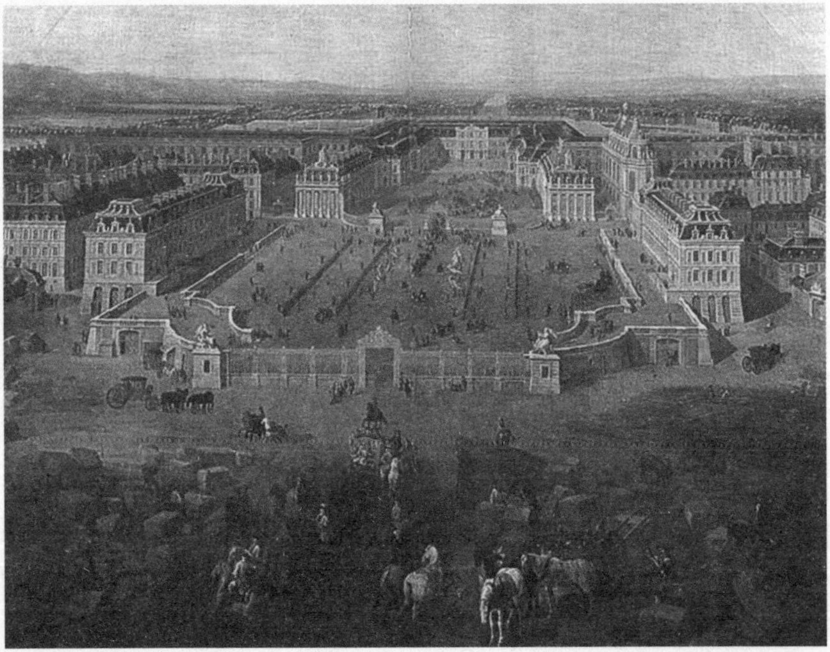

Der Inbegriff herrschaftlichen Lebens: das Schloss von Versailles, hier zum Ende der Regierungszeit Ludwigs XIV.; Blick über die Höfe zum Corps de Logis. Gemälde von Pierre-Denis Martin

Nach Versailler Vorbild entworfen: der Schlosshof des Schlosses Eszterháza in Ungarn

Die letzte bedeutende Schlossanlage des preußischen Barocks: das Neue Palais im Park von Sanssouci in Potsdam

Kleine Einblicke ins Leben am Hof Ludwigs XIV.

Bekannt ist zum einen der Pomp und Prunk am Hof von Versailles. Hier zunächst ein paar Daten: eine 700 Meter lange Schaufront des Schlosses, 51 000 Quadratmeter Fläche, Hunderte von Räumen. Dazu eine kostbare Innenausstattung, deren Krönung der einzigartige Spiegelsaal darstellt, sowie eine Schlosskapelle, ein riesiger Park, Gärten und Wasserspiele.

Das ist wiederum nur die eine Seite. Die andere betrifft die hygienischen Zustände bei Hof, von denen Gruseliges kolportiert wird: Man entledigte sich seiner Notdurft dort, wo man gerade stand, das gilt für Besucher, denen das Schloss jederzeit offen stand, genauso wie für den Adel. Das Personal musste die Exkremente einsammeln und wegschaffen. Waschen war seinerzeit verpönt; im Wasser vermutete man Erreger für Krankheiten und Epidemien. So versuchten die Damen der Gesellschaft, den Dreck und unangenehmen Geruch mit Puder und Parfum zu überdecken.

Aber auch das ist nur ein Teil der Wahrheit. In Versailles gab es ebenso die edelsten Baderäume und Toilettenschüsseln aus Mahagoni. Ludwig XIV. selbst soll ein Sauberkeitsfanatiker gewesen sein, der seine Kleidung dreimal am Tag wechselte. Ludwig XVI. hingegen galt als Schmutzfink, den pompösen Baderaum ließ er in ein Büro umfunktionieren.

Das Leben war durch höchst ausgefeilte Zeremonien geregelt: Allein am morgendlichen Aufstehen des Königs waren Hunderte von Höflingen beteiligt. Sie wurden ihrem Rang entsprechend in das Schlafgemach eingelassen, und es war streng geregelt, wer dem König den linken und wer den rechten Ärmel zuknöpfen durfte. Am Abend, wenn er ins Bett ging, hatte die junge Adlige Marie-Anne de La Trémoille manchmal das „Recht“, ihm den Nachttopf und den Degen voranzutragen. Selbsterniedrigung und Ehre liegen hier nah beieinander.

Auch das kann eine Ehre sein: Marie-Anne de La Trémoille war Trägerin des königlichen Nachttopfes in Versailles.

Kein Zahnarzt bei Karies

Und hier noch ein weiteres Detail, das unseren Neid auf den Sonnenkönig und, nebenbei gesagt, auch alle anderen Adligen und überhaupt auf Menschen vergangener Jahrhunderte deutlich reduzieren dürfte.

Da die Zahnmedizin im Zeitalter des Absolutismus noch nicht allzu weit fortgeschritten oder, besser gesagt, gar nicht existent war, man also gegen Karies schlicht nichts machen konnte, zog man Ludwig XIV. „vorsorglich" alle Zähne. Dabei wurden allerdings auch Teile des Gaumenknochens herausgerissen und der Unterkiefer gebrochen. Als nur eine der Folgen dieser „Vorsichtsmaßnahme" lief ihm beim Trinken der Wein aus der Nase, sein Essen konnte er nur unzerkaut herunterschlucken.

Ludwig XIV. im Krönungsornat, Porträt von Hyacinthe Rigaud, 1701

Gewohnt hat der Adel dieser Jahrhunderte, je nach Rang und Vermögen, in Palästen, Stadtpalais, Landsitzen oder, wenn es sich „nur" um Gutsherren handelte, zumindest in Landhäusern, die größer waren als die Höfe ihrer Bauern. Eine Ausnahme bildete allerdings der norwegische Adel: Da diese Adligen ohnehin dem Großbauerntum entstammten, lebten sie in Holzhäusern. Wer jetzt denkt, das sei eben Skandinavien und sozusagen schon fast am Nordpol, der irrt: Denn auch einige Angehörige des märkischen Adels besaßen im 16. und 17. Jahrhundert noch eingeschossige, strohgedeckte Häuser.

Zwei weitere wichtige Statussymbole des Adels waren Pferde und – ab dem 17. Jahrhundert – Kutschen. Zumindest viele adlige Männer waren geübte Reiter.

Prunkschlösser wie etwa das Schloss von Versailles wurden bewusst „auf der Wiese" errichtet, weit genug entfernt von der Großstadt Paris, um Distanz auszudrücken, aber doch nah genug, um auch dort präsent zu sein. Etwa 10 000 Menschen gehörten dem Hof an, von denen allerdings nur ungefähr die Hälfte auch in der Schlossanlage lebte. Den größten Anteil machten – selbstverständlich, möchte man fast sagen – die Dienstboten aus.

Es gab im Zeitalter des Barocks eine deutliche Diskrepanz zwischen dem Hof und dem Landadel, ersterer war eine Minderheit, die von der Mehrheit des Landadels durchaus beneidet wurde. Eine Ursache für diesen Neid war sicher die Exklusivität. Zum Hof von Versailles etwa hatten ab dem Jahr 1760 französische Adlige nur mit Bewilligung Zutritt. Um diese zu erhalten, mussten sie nachweisen, dass sich ihr Adel bis in die Zeit vor 1400 zurückverfolgen ließ, was tatsächlich nur wenigen gelang.

Das war ein Einblick in den vermutlich opulentesten Hof Europas. In den deutschsprachigen Regionen gestalteten sich die „Wohnverhältnisse" etwas anders:

In den mittelgroßen Territorien wie etwa Bayern oder Sachsen finden sich zeremonielle Höfe nach Versailler Vorbild.

Deutlich bescheidener, dafür aber traditioneller, durch strikte Hofkleidung, Moralvorschriften und die Kirche geprägt, präsentierte sich dagegen der Wiener Kaiserhof. Außerdem bildete dieser ein Parkett für Hochadlige aus ganz Europa: Ungarische Esterházy, aus den böhmischen Ländern stammende Lubkowitz, Schwarzenberg oder Liechtenstein, Auersperg aus dem im heutigen Slowenien gelegenen Herzogtum Krain, sie alle bildeten den Zusammenhalt des Habsburger Reiches.

Und noch ganz anders aufgebaut präsentierte sich der „hausväterliche Hof", der von besonderer Genügsamkeit geprägt war, sei es durch die Notwendigkeit

Ein Ausschnitt aus der Wiener Hofburg: Leopoldinischer Trakt, Festsaaltrakt, Neue Burg, Corps de Logis und Äußeres Burgtor. Im Vordergrund das Reiterstandbild mit Erzherzog Karl

Hoftafel im Redoutensaal in der Wiener Hofburg anlässlich der Hochzeit von Joseph II. mit Isabella von Bourbon-Parma im Jahre 1760

Friedrich Wilhelm I. von Preußen

zum Sparen oder durch eine ausgeprägte Frömmigkeit des Landesherrn. Hierzu gehörten einerseits kleine, meist protestantische Höfe oder auch der preußische Hof unter dem „Soldatenkönig" Friedrich Wilhelm I.

Sein Sohn, Friedrich II., führte dagegen einen geselligeren Hof. Er legte zwar auf kostspielige Repräsentation ebenso wenig Wert wie sein Vater, dafür aber auf Konversation und den Austausch mit Gästen aus dem In- und Ausland, zu denen auch der französische Gelehrte Voltaire gehörte.

Und die alten Burgen des Mittelalters? Sie wurden zum Teil tatsächlich verlassen und verfielen

Zwar nicht gerade ein Landhaus, aber doch deutlich bescheidener als das Neue Palais: Schloss Sanssouci in Potsdam

Friedrich II. galt als musikliebend. Hier ein Flötenkonzert des Königs in Sanssouci (Gemälde von Adolph Menzel, 1850–52)

langsam. Stattdessen ließen sich die Adelsfamilien neue, der Mode entsprechende Gebäude errichten und statteten sie prachtvoll aus. Eine besondere Hochblüte erlebten Prunk und die Begeisterung an opulenter Ausstattung im Zeitalter des Barock und des Rokoko. Die Schlösser, besonders aber auch die Kirchen dieser Zeit sind Symbole für den Glanz und die Macht ihrer weltlichen oder geistlichen Herrschaft.

Renitenz bei Hof

Der Graf ist jung. Und verliebt. Außer der Frau, die er nun heiratet, möchte er nie wieder eine andere haben. Glaubt er zumindest. Und deshalb, eben weil er jung ist und verliebt und ihm der notwendige Weitblick ganz offensichtlich fehlt, erklärt er, künftig auf ein Adelsvorrecht zu verzichten: nämlich auf das „Recht der ersten Nacht", das *Ius primae noctis*. Ob es dieses Recht je gegeben hat, ist zwar umstritten, in der Theorie aber sichert es dem Landesherren zu, dass er, wenn einer seiner Untergebenen heiratet, die erste Nacht mit dessen Braut verbringen darf. Das klingt schön für den Landesherren und weniger schön für seine Untertanen. Aber der junge Graf hat eben auf genau dieses Recht verzichtet. Damals. Jetzt ist seine Ehe in die Jahre gekommen, seine Frau langweilig, und sein Kammerdiener will die schöne Susanna heiraten. Zeit, darüber nachzudenken, wie man das idiotischerweise verschenkte Recht wieder einführen könnte.

Und genau diese Überlegungen des Grafen machen seinen Diener Figaro wütend. Ziemlich wütend sogar.

Wir sind am Beginn des 1. Aktes von W. A. Mozarts Oper *Le nozze di Figaro*, eines der drei Bühnenwerke, für die Lorenzo da Ponte das Libretto schrieb. Und weil da Ponte einer der wenigen seiner Zunft war, die nicht nur sangbare, sondern auch sprachlich raffinierte Texte schreiben konnten, ist die folgende Arie des Kammerdieners Figaro ein kleines Meisterwerk an Aufsässigkeit gegen seinen Herrn. Er singt sie allerdings in Abwesenheit des Grafen.

Se vuol ballare,
Signor Contino,
il chitarrino
le suonerò.
Se vuol venire
nella mia scola,
la Capriola
le insegnerò.
Saprò … ma piano,
meglio ogni arcano
dissimulando
saprir potrò.
L'arte schermando,
l'arte adoprando,
di qua pungendo,
di là scherzando,
tutte le macchine
rovescierò.

Wenn das Gräflein
tanzen möchte,
spiele ich für ihn
die Gitarre.
Wenn Ihr durch
meine Schule gehen wollt,
dann werde ich Euch
die Sprünge beibringen.
Ich weiß … aber vorsichtig.
Durch Verstellung
kann ich jedes Geheimnis
besser enthüllen.
Durch die Kunst des Angreifens,
durch die Kunst des Abwehrens,
da durch Stechen,
da mit Scherzen,
werde ich alle
Pläne umstürzen.

Zum weiteren Verlauf der Oper: Figaro macht tatsächlich mobil gegen den Grafen. Außerdem sind sowohl seine Braut als auch die Gräfin entschieden gegen die Ambitionen des hohen Herrn und treiben ihn so weit in die Enge, dass er seine Pläne schließlich aufgeben und sich noch dazu vor allen Anwesenden bei seiner Frau für die geplante Untreue entschuldigen muss.

Die literarische Vorlage zu dieser Oper, das Schauspiel *La folle Journée au le Mariage de Figaro* (Der tolle Tag oder Figaros Hochzeit) von Pierre Augustin Caron de Beaumarchais, durfte wegen seiner obrigkeitskritischen Haltung nicht aufgeführt werden. Zur Uraufführung der Oper am 1. Mai 1786 aber gab Kaiser Joseph II. seine Erlaubnis. Unumstritten wurde das Werk an diesem Tag jedoch nicht aufgenommen, insbesondere der Adel zeigte sich – wen erstaunt es? – entrüstet.

Die Erziehung adliger Kinder

»Je höher die Stände, desto mehr hat der Mann zu tun und desto weniger die Frau. Der König muss doch wenigstens bedenken und unterschreiben. Die Königin lebt von ihm. In untern Ständen ist es wie bei Wilden fast umgekehrt.«

Jean Paul

Ritter waren zunächst einmal Krieger. Dementsprechend erfreuten sich am spätmittelalterlichen Hof besonders Turniere größter Beliebtheit, eine Art spielerische Variante des Kampfes. Zudem spielten die ritterlichen Ideale, soweit sie auch von der Realität entfernt gewesen sein mochten, in der Erziehung lange eine Rolle. Aber es gab auch andere Stimmen: Die Kritik am Rittertum ging bis in die Satire, einer der berühmtesten Romane, der ein überkommenes Ideal persifliert, ist der *Don Quijote* des spanischen Dichters Miguel de Cervantes, geschrieben in den Jahren 1605–16. Der Titelheld, ein verarmter Ritter, verliert sich hier in einer Traumwelt der Ritterromane, deren Lektüre, so die Aussage des Autors, zur Verarmung seines Verstandes geführt haben soll.

Der Humanismus hielt Einzug in Europa, und damit gewann auch die bis dahin zumindest für adlige Jungen vernachlässigte Bildung an Bedeutung. Zur Erinnerung: Nicht wenige Ritter des Mittelalters waren *illiterati*, also zumindest des Lateinischen nicht mächtig, nicht selten aber insgesamt nahezu Analphabeten. Das änderte sich nun zunehmend. Wer es sich leisten konnte, stellte wenigstens für seine Söhne einen Hauslehrer, oft auch als „Hofmeister“ bezeichnet, an. Auf einem höheren Niveau standen für die Bildung der Jungen außerdem gelehrte Schulen oder Universitäten zur Verfügung. Die Töchter lernten von der Mutter Haushaltsfertigkeiten, bisweilen bekamen sie eine Gouvernante, die ihnen Unterricht im Singen, Tanzen und ab dem 17. Jahrhundert auch in der französi-

Abb. linke Seite: Der berühmte Kampf des Don Quijote gegen die Windmühlen

schen Sprache gab. Ab dem 18. Jahrhundert kamen außerdem Schulen für sogenannte höhere Töchter hinzu.

Wie weit diese Bildungseinrichtungen vor allem von den jungen Männern auch wirklich besucht wurden, war regional sehr unterschiedlich: Von den kurmärkischen Junkern erhielten auch im 18. Jahrhundert nur etwa 18 Prozent eine qualifizierte zivile Ausbildung, weitere 18 Prozent eine militärische. In England dagegen besuchten zu dieser Zeit recht viele Adlige die vornehmen Political Schools und die beiden Universitäten des Landes. Vermutlich recht hoch war der Bildungsstand auch im mittleren polnischen Adel. Dort besuchten etwa 20 000 Jugendliche, auch solche aus ärmeren Adelsschichten, die von Jesuiten geführten Gymnasien, später meist eine Rechtsschule. In Deutschland oder Frankreich gingen viele Adlige auf ein Kolleg oder absolvierten ein ein- bis zweisemestriges Studium, allerdings ohne einen Abschluss zu machen.

Von entscheidender Bedeutung war seit der Renaissance die *Grand Tour*, auch als „Kavalierstour“ bezeichnet, die junge Adlige in Begleitung eines Erziehers durch die unterschiedlichen Länder führte: nach Frankreich, dort besonders nach Paris und Versailles, nach Rom, Neapel und Venedig, eventuell auch nach Wien, in die Niederlande oder nach London. Ziel dieser Reise war es, höfische Umgangsformen kennenzulernen, vor allem aber auch, Kontakte zu knüpfen oder bestimmte Universitäten zu besuchen. Eine solchen Reise bot allerdings meist auch Gelegenheit für erste sexuelle Erfahrungen. Dabei wurden gelegentliche Übertretungen des Schicklichen als „Kava-

William Beckford nach seiner Rückkehr von der Grand Tour, Porträt von George Romney aus dem Jahr 1782

Die Georg August Universität in Göttingen war bei den Adligen des 18. Jahrhunderts sehr beliebt. Kupferstich des Universitätskupferstechers Georg Daniel Heumann

liersdelikte“ eingestuft. Ob die betroffenen Frauen das Verhalten ebenso als Bagatelle abtaten, ist zwar fraglich, dürfte aber wohl niemanden genauer interessiert haben. Was der junge Adlige auf dieser Reise allerdings keineswegs machen durfte, waren Schulden!

Eine Spezialausbildung erhielten die Adligen unterwegs allerdings nicht, sie war nicht das Ziel dieser Bildungsreise. Ein weltgewandter Adliger dieser Zeit zeichnete sich dadurch aus, dass er Manieren hatte und über verschiedenste Bereiche der Politik, der Kunst oder der Wissenschaft Konversation führen konnte. Erst gegen Ende des 18. Jahrhunderts entwickelte sich eine strengere Vorstellung davon, was Bildung und vor allem Wissenschaftlichkeit bedeutete; der „adlige Dilettantismus“ war nicht mehr so angesehen. Gleichzeitig mit dem veränderten Bildungsideal verlor auch die Kavalierstour an Bedeutung. Für die erste Anstellung, etwa als Leutnant oder als Mitglied in einem Ratskollegium, war es für einen jungen Adels-

Anna Theresia von Waldburg-Wolfegg-Wolfegg (1700–55), Stiftsdame in Hall/Tirol

spross ohnehin weniger wichtig, welche Ausbildung er bekommen hatte – familiäre Beziehungen spielten eine viel wichtigere Rolle. Und gering dotiert waren diese ersten Stellen außerdem, ohne Unterstützung der Familie kam ein junger Adliger am Anfang seiner beruflichen Laufbahn kaum zurecht.

Die Alternativen zum Arbeiten hießen übrigens: Schulden machen, reich heiraten oder erben.

Für adlige junge Frauen sah es noch ein wenig trostloser aus: Da die Mitgift, die die Familie des Mädchens der des Mannes zu zahlen hatte, sehr hoch war, konnten es sich viele Adlige nicht leisten, all ihre Töchter zu verheiraten. Den unverheirateten Mädchen blieb nur der Weg ins „Damenstift", das auch in protestantischen Gegenden verbreitet war. Sie konnten dort zwar standesgemäß leben, ob sie glücklich waren, ist aber eine ganz andere Frage. Auf der anderen Seite bedeutete eine arrangierte Ehe allerdings auch nicht unbedingt das große Glück. Und noch schlechter als die Stiftsdamen, die immerhin im Alltag selbstständig leben konnten und daher oft sogar recht selbstbewusst waren, traf es diejenigen Frauen, die unverheiratet im Haushalt ihrer Geschwister leben mussten.

Unter dem gesellschaftlichen Stand zu heiraten, war in vielen Familien des Hochadels sogar durch privatrechtliche Verträge, die „Hausgesetze", verboten. Wer gegen diese Regel verstieß, war nicht mehr voll erbberechtigt. Ohnehin galt das Heiraten als ein Privileg, das häufig nur dem erstgeborenen Kind ermöglicht werden konnte.

Das Vermögen eines Adligen bestand in der Regel aus Grund und Boden, der von Lohnarbeitern bewirtschaftet wurde. Alternativ dazu verpachteten manche Adelsfamilien einen Teil ihres Eigentums. Körperliche Arbeit war im Adel der frühen Neuzeit verpönt, ebenso wenig trieben Adlige Handel oder übten ein Handwerk aus. Manche Gewerbe standen dem Adel dagegen offen, insbesondere solche, die mit Grundeigentum verbunden waren: Glasproduktion, der Betrieb von Brauereien oder Brennereien (zur Verarbeitung des eigenen Getreides) oder von Berg- und Hüttenwerken (zur Gewinnung der Bodenschätze).

»Es gibt im Adel weniger prosaische Seelen als im dritten Stande. Das liegt am Handel; der macht prosaisch.«

Henri Stendhal

Die wichtigste Einrichtung, um das Vermögen zu erhalten, stellten die bis ins 19. Jahrhundert verbreiteten „Fideikommisse" dar: Ein Stifter erklärte dabei einen großen Teil des Familienguts, zu dem auch Schmuck gehören konnte, zu einer einheitlichen Vermögensmasse, die dem Erben anvertraut wurde. Dieser Erbe durfte daraufhin zwar die Erträge des Gutes für sich nutzen, wenn er allerdings Teile des Besitzes verkaufen wollte, brauchte er dazu die Zustimmung aller Blutsverwandten. Auf diese Weise erhielten viele Familien ihren Besitz.

Eine Pyramide der Vermögensverhältnisse zu erstellen, heißt zwar immer auch zu vereinfachen. Trotzdem lassen sich, etwa für das 18. Jahrhundert, grobe Unterschiede ausmachen:

An der Spitze der Pyramide stand eine kleine Gruppe von Familien, die sich in ihrem Lebensstandard deutlich vom restlichen Adel abhoben. Sie besaßen außerdem großen politischen Einfluss. Nicht wenige dieser Adligen waren zwar verschuldet, führten aber dennoch ein Leben in großem Luxus. So konnte ein einziges Bankett das Vielfache des Gesamtvermögens eines reichen Bauern kosten.

Als Nächstes folgte der reiche Adel: Reichsgrafen, Reichsritter oder auch Landadlige, sie bildeten eine Art „regionale Elite".

An dritter Stelle befand sich der wohlhabende Adel, eine Art „lokale Elite", einfache Grund- und Gutsherren. Sie hatten mehrere Diener, vielleicht fünf oder sechs Pferde, in manchen Regionen wie etwa in Polen auch kleine Schlösser.

Die vierte Stufe machten etwa in Frankreich 40 Prozent des Adels aus. Diese Familien hatten den für Adelskreise bescheidenen „gutbürgerlichen" Lebensstandard mit „nur" ein bis zwei Dienstboten. Zu dieser Gruppe gehörten unter anderem die adligen Beamten oder Offiziere.

An letzter Stelle kam der verarmte Adel, der zwar Herr einiger Bauern war, aber selbst kaum besser lebte als diese. Zu hungern brauchte auch diese Adelsschicht zwar nicht, sie lebte aber „unstandesgemäß".

Der Adel im 20. Jahrhundert

Der letzte Adelstitel wurde in Deutschland im Jahr 1918 durch den Fürsten Leopold IV. von Lippe dem Geheimrat Kurt von Kleefeld verliehen. Erst wenige Tage zuvor, am 9. November, war die Weimarer Republik ausgerufen worden, die erste parlamentarische Demokratie in Deutschland. Als am 14. August 1919 die Weimarer Reichsverfassung in Kraft trat, wurden dort in Artikel 109 die Gleichheit aller Deutschen und die Abschaffung der Standesunterschiede festgeschrieben. Das bedeutete gleichzeitig auch die Abschaffung der Adelsprivilegien. Neue Adelsnominierungen durften nicht mehr vorgenommen werden, Adelsbezeichnungen nur noch als Teil des Namens beibehalten werden. Am 23. Juni 1920 verabschiedete die verfassungsgebende preußische Landesversammlung das „Preußische Gesetz über die Aufhebung der Standesvorrechte des Adels und die Auflösung des Hausvermögens." Mit diesem Gesetz, das andere Länder des Deutschen Reichs in ähnlicher Form übernahmen, wurde der Adel rechtlich als privilegierte gesellschaftliche Gruppe in Deutschland abgeschafft. Das betraf zu dieser Zeit ca. 60 000 Menschen, ein Tausendstel der Bevölkerung. Die ererbten Vermögen durften die Adelsfamilien behalten.

Und nun zum wohl schwierigsten Abschnitt der deutschen Geschichte: dem Nationalsozialismus.

Eine einheitliche Haltung des Adels gegenüber den Nationalsozialisten gab es nicht. Aufgrund einer überwiegend religiösen und politisch konservativen Grundhaltung stand ein Teil des Adels dem Nationalsozialismus skeptisch gegenüber. Andererseits waren einige der führenden Rassentheoretiker Angehörige des Adels, wie etwa Max von Gruber und Otmar Freiherr von Verschauer – beide sogenannte „Rassenhygieniker" – oder Egon Freiherr von Eickstedt, nach dessen „rassendiagnostischer Formel" die Nürnberger Gesetze angewandt wurden.

Andere Adlige kritisierten den Nationalsozialismus offen, darunter etwa der Bischof von Münster, Clemens August Graf von Galen, der bereits im Jahr 1934 mit seinen weit verbreiteten Predigten gegen die Nazi-Ideologie begann und sich später außerdem vehement gegen Euthanasie aussprach. 1944 wurden unter anderem die Staatsbeamten Ferdinand Freiherr von Lüninck und Nikolaus Christoph von Halem für ihre Beteiligung am Widerstand zum Tod verurteilt und erhängt.

Zum Widerstand der Bekennenden Kirche, einer Organisation evangelischer Christen, zählten Adlige wie Friedrich von Bodelschwingh oder Anni von Gottberg.

Auch andere Adlige gehörten dem Kreis der „Verschwörer" beim von Claus Schenk Graf von Stauffenberg am 20. Juli durchgeführten Bombenattentat auf Adolf Hitler an. An den Versuchen, die ausgearbeiteten Umsturzpläne dennoch umzusetzen, waren neben dem Initiator noch diverse weitere Adlige beteiligt.

Und nun noch ein kurzer Überblick über die Situation nach dem Zweiten Weltkrieg. Der Adel als privilegierte Klasse bestand nicht mehr. Was aber im westdeutschen Teil des bis 1990 geteilten Deutschlands sehr wohl noch vorhanden war, waren die alten Adelssitze und das ererbte Vermögen der wohlhabenden Adelsfamilien. Große landwirtschaftliche Besitzungen wie etwa die der Familien Thurn und Taxis, Fugger oder Hohenzollern-Sigmaringen und Hohenlohe bestehen bis heute zum großen Teil aus Wäldern und Forsten. Anders sah die Situation dagegen im Gebiet der ehemaligen DDR aus: Hier wurden die Adligen komplett enteignet. Und viele dieser Enteignungen bestehen entsprechend dem Einigungsvertrag bis heute. Viele Adlige klagten dagegen, einige mit Erfolg, etliche dieser Prozesse sind aber bis heute nicht abgeschlossen. Besonders geht es dabei um die Restituierung von Kunstgegenständen, die in den Besitz öffentlicher Museen übergegangen sind. Aus den Burgen und Schlössern selbst wurden Museen, Bildungsstätten, Ferienheime, Wohnungen für Vertriebene, Altersheime oder Gemeinde- und Stadtverwaltungen.

Anders als in anderen europäischen Ländern ist der Adel in der Bundesrepublik in der Politik übrigens kaum zu finden. Einzelne adlige Politiker wie etwa Richard von Weizsäcker, Otto Graf Lambsdorff oder Hermann Otto Solms sind eher die Ausnahmen. Den Typus des „Adelspolitikers" gibt es in Deutschland nicht.

Auch in Bezug auf die Berufswahl werden heute natürlich keine Wege mehr vorgeschrieben. Die Historikerin Monika Wienfort stellt aber eine Neigung junger Adliger zu Studien der Land- und Forstwirtschaft oder Jura fest. Auch die Arbeitsbereiche in der staatlichen Verwaltung oder beim Militär würden auch heute noch häufig von Adligen gewählt, so die Autorin. Hinzugekommen sei in den letzten drei Jahrzehnten außerdem die Arbeit im der Medienbranche.[10]

Eine gar nicht unwichtige Rolle nimmt der Adel heute im kulturellen Bereich ein. Schon um den Besitz finanziell erhalten zu können, zum Teil aber auch aus ganz schlichter Liebe zur Kultur haben viele Adlige ihre Burgen und Schlösser zumindest teilweise geöffnet, etwa als Privatmuseen oder für Konzert- und Theaterveranstaltungen. Monika Wienfort kommt zu dem Schluss, dass sich in Deutschland derjenige Teil des Adels, der bis heute auf seinen Schlössern lebt, zum „Hüter der Vergangenheit" und zum Mittelpunkt lokaler Kultur erklärt habe. Während die Mehrzahl der ehemals regierenden Familien gehörenden Residenzen heute vom Staat verwaltet werde und viele kleinere Schlösser und Herrenhäuser zu Hotels umgewandelt worden seien, faszinierten standesherrliche Besitztümer wie Schloss Donaueschingen durch die Lebendigkeit der Tradition, die sich in der Beibehaltung eines alten Familienwohnsitzes äußere.[11]

Präsent in der Öffentlichkeit ist der Adel demnach heute als Besitzer von Schlössern und Burgen, als Veranstalter kultureller Ereignisse – und als Dauergast in der Regenbogenpresse. Adlige sind also weder aus unserer Gesellschaft noch aus dem Bewusstsein der Öffentlichkeit verschwunden.

[10] Monika Wienfort: Der Adel in der Moderne, S. 128.
[11] Ebda., S. 158.

Adelsverbände

In Deutschland endete die Monarchie im Jahr 1919. Und im Artikel 109 der Weimarer Verfassung wird Folgendes bestimmt:

> *Öffentlich-rechtliche Vorrechte oder Nachteile der Geburt und des Standes sind aufzuheben und dürfen nicht mehr verliehen werden. Adelsbezeichnungen gelten nur als Teil des Namens und dürfen nicht mehr verliehen werden.*

Damit hatten die Angehörigen des Adels ihre staatsrechtlichen Privilegien verloren und begannen sich nun privatrechtlich in Adelsverbänden zu organisieren. Diese Verbände bestehen bis heute, eine Bedeutung haben sie aber nur innerhalb des Adels. Wer in einen der regionalen Verbände und damit gleichzeitig auch in die Dachorganisation, die „Vereinigung der Deutschen Adelsverbände e. V." und in Folge in das *Genealogische Handbuch des Adels* (dazu später mehr) aufgenommen werden möchte, der muss allerdings eine bestimmte Voraussetzung erfüllen: Er oder sie muss zum „historischen Adel" gehören, das heißt, nachweisen können, seit dem Jahr 1918 von einem adligen Vater in rechtsgültiger Ehe abzustammen. Damit werden all jene ausgeschlossen, die ihren adligen Namen durch uneheliche Geburt oder Adoption erhalten, bzw. von der Ehefrau übernommen haben oder die in einer Familie geboren sind, die ihren adligen Namen von der Ehefrau übernommen hat. Sie alle dürfen zwar diesen Namen führen, ins Handbuch werden sie aber nicht aufgenommen. Man kann also sagen, dass zur Aufnahme in die Verbände die Bedingungen gelten, die auch die Zugehörigkeit zum Adel in der alten Ständegesellschaft festgelegt hatten. Feststellen lässt sich diese Zugehörigkeit über die Ahnenprobe. Allerdings gilt diese Unterscheidung in „historischen" und „nicht historischen" Adel rein vereinsintern, außerhalb der Verbände hat sie keinerlei rechtliche Auswirkungen.

Man kann sich nun nach dem Sinn und Zweck dieser Regelung fragen. Dann muss man allerdings gleichzeitig auch eine zweite Frage stellen, nämlich die, welchen Sinn es hat, sich als „normaler Bürgerlicher" von einem Adligen adoptieren zu lassen, sich also seinen Adelstitel zu „kaufen". Denn genau dieser Usus griff in den Siebzigerjahren des vergangen Jahrhunderts inflationär um sich. Es begann ein reger Handel mit Adelstiteln. Als Beweggrund dafür mag die Vorstellung gelten, ein solcher Titel verschaffe seinem Träger Vorteile im Berufsleben, eine große Präsens in der Regenbogenpresse oder beides.

Gegen diesen „Scheinadel“ will sich der „echte“ Adel nun abgrenzen und hat deshalb so strikte Statuten erlassen. Zuständig für die Überwachung und Einhaltung dieser Regeln ist der „Deutsche Adelsrechtsausschuss“, dessen Entscheidungen allerdings nur gesellschaftliche Relevanz haben, keine staatliche. Der Ausschuss ist zuständig für die Überwachung des *Handbuchs*, getragen wird er von den Adelsverbänden. Der Rechtsausschuss sieht seine Aufgabe dadurch gerechtfertigt, dass der sogenannte „Scheinadel“ durch sein Verhalten oft ein schlechtes Licht auf den historischen Adel werfe. Er kann also nach den festgelegten Statuten bis zu einem gewissen Grad sich skandalös gebärdende Scheinadlige aus Kreis des Adels ausschließen. Allerdings werden die Angehörigen des Ausschusses nicht aktiv, wenn Mitglieder aus den eigenen Adelskreisen in der Öffentlichkeit unangenehm auffallen. Und, wie gesagt, verbieten kann der Ausschuss den adoptierten Adligen nicht, ihren Titel zu führen.

Das Genealogische Handbuch des Adels

Im vorangegangenen Abschnitt war des Öfteren von ihm die Rede, vom GHdA, wie das *Genealogische Handbuch des Adels* abgekürzt wird und in das, wie gesagt, längst nicht jede/r aufgenommen wird, der sich mit einem Adelstitel schmückt. Es ist ein Nachschlagewerk aus dem Starke-Verlag; der Herausgeber, die Stiftung Deutsches Adelsarchiv, versteht das Werk als Nachfolger des *Gothaischen Genealogischen Hofkalenders*, bekannt auch als der „*Gotha*“, und des *Genealogischen Gothaischen Taschenbuchs*. Das GHdA gibt seinen Lesern in den 157 Bänden Aufschluss über die Abstammung vie-

Taschenbuch des Gotha

ler Namensträger und Mitglieder aus Familien des deutschen Adels, über deren Stammlisten und Familienwappen.

Erfasst sind die Adelsfamilien aus dem Gebiet des ehemaligen Heiligen Römischen Reiches Deutscher Nation, d. h. der heutigen Länder Deutschland, Österreich, Schweiz, Niederlande, Belgien, Luxemburg, Tschechien, Slowenien, des größten Teils Italiens sowie Teile des heutigen Frankreichs (Lothringen, Elsass, Burgund), der baltischen Staaten, des heutigen Polens (Schlesien, Pommern, Ost- und Westpreußen, Provinz Posen, Galizien) und der Ukraine (Galizien und Bukowina). Und weil dieses Werk bis heute für den Adel wichtig ist, hier noch ein paar genauere Informationen:

- Veröffentlicht werden die Bände in unterschiedlichen Unterreihen:
- Adlige Häuser des **Ur-** und **Briefadels**
- **Freiherrliche Häuser** titular und **reichsunmittelbare Freiherrn** und **Barone**
- **Gräfliche Häuser,** in der Regel titulargräfliche Häuser
- **Fürstliche Häuser**
  - erste Abteilung: **regierende** und **ehemals regierende Häuser** (Hochadel),
  - zweite Abteilung: **mediatisierte, standesherrliche** und **nicht souveräne Häuser** (die – wie die erste Abteilung – zum Hochadel gezählt werden),
  - dritte Abteilung: **titularfürstliche Häuser**, die nach veralteter Sicht gelegentlich zum niederen Adel gezählt wurden, tatsächlich jedoch als „Europäischer Hochadel dritter Abteilung“ zu bezeichnen sind.

Außerdem erschien in den Jahren von 1972 bis 2012 in der Reihe des *GHdA* auch das *Adelslexikon* in insgesamt 18 Bänden. Darin aufgenommen wurde jede nach 1800 noch existierende Adelsfamilie, möglichst mit folgenden Angaben: Konfession; Heimat; erstes urkundliches Auftreten (mit Nachweisen); Stammvater, mit dem die sichere Stammreihe beginnt; Diplomverleihungen und -empfänger; Geschlechtsverband; Wappenbeschreibung (u. U. Abbildung des Stammwappens); Literaturhinweise. Dabei wurde besonderer Wert auf die Erfassung derjenigen seit 1850 geadelten Familien gelegt, die in der Literatur bisher nicht nachgewiesen waren. Mit dem 2012 erschienenen Registerband ist das Adelslexikon abgeschlossen.

Der Ehrenkodex des europäischen Adels

Es stimmt schon, man hört beileibe nicht nur Rühmliches aus Adelskreisen: Steuerhinterziehung, Skandale, schlechte Manieren ... Im Grunde benehmen sich Adlige nicht anders als alle anderen Menschen auch. Nur erfährt man eben von ihnen, was man vom Mann aus dem Dachgeschoss nebenan nicht so unbedingt zu hören bekommt. Das ist mitunter schön, vor allem für all jene, die bei Königshochzeiten immer ein bisschen mitheiraten. Für die adligen Akteure selbst ist es aber weit weniger schön, wenn über ihre unerlaubten Affären und Geldtransfers allzu detailliert berichtet wird. Und so ist die Yellow Press manchmal eine ganz brauchbare Einrichtung zu Werbezwecken, dann aber auch wieder eine absolut entbehrliche Tratschliese.

Aber so viel wir auch über die Skandale der Fürsten und Prinzen lesen können, es gibt auch eine Seite adligen Selbstverständnisses, bei der das alte Adjektiv „edel“ mitklingt: den Ehrenkodex des europäischen Adels.

Maßgeblich ist hier die Resolution zum Verhaltenskodex des Adels, die von den in der C.I.L.A.N.E. (Commission d'Information et de Liaison des Associations Nobles d'Europe) vertretenen offiziellen europäischen Adelsverbänden am 2. September 1989 im portugiesischen Porto verabschiedet wurde und an der sich im 21. Jahrhundert jeder Adlige messen lassen soll. Soll wohlgemerkt. Wie weit Ideal und Wirklichkeit auseinanderliegen, sei dahingestellt.

Aber bleiben wir eine Weile beim Ideal. Unter anderem folgende Werte werden in dem Verhaltenskodex als erstrebenswert angesehen:

- Da wären an erster Stelle die **geistig-moralischen Werte**: Respekt gegenüber anderen religiösen und philosophischen Traditionen (gleichgültig, welcher Religion oder philosophischen Weltanschauung der oder die Adlige angehört), hoher Stellenwert der Würde der Person, Ausschluss von Intoleranz und Sektierertum, Förderung der Menschenrechte unabhängig von Herkunft, sozialer Lage und Ethnie.

- Dann folgen die **familiären Werte**: Förderung von Familiensinn und -verband, Betrachtung der Familie als Ausgangspunkt der Gesellschaft, Würdigung der Ehe, Erinnerung an die Verstorbenen, Erhaltung der Familientraditionen, familiäre Solidarität, Achtung zwischen den Generationen.

- Und an dritter Stelle stehen die **gesellschaftlichen Werte**: „Den Sinn der Freiheit darin zu sehen, Herausragendes anzustreben, Verantwortung zu übernehmen und uneigennützig zu dienen“, Berufung zur Verantwortung, zur Führung zum Wohl aller und nicht um der eigenen Vorteile willen, Pflege der Haltung, die sich nicht an unmittelbarem Profit und an Macht orientiert, sondern am Nutzen für die Gesellschaft, Verantwortung aus der Geschichte, Unternehmergeist und Mut zur Opferbereitschaft, aktive Teilnahme am Aufbau Europas, Bürgersinn und gemeinwohlorientiertes Handeln, Sorge um das Wohlergehen anderer, insbesondere Schwächerer, Wahrung der Höflichkeit und entsprechender Umgangsformen, Schutz der Umwelt, Bewahrung der natürlichen Ressourcen sowie Anerkennung der positiven Rolle des Humors in der Gesellschaft.

Alles in allem sind das Ideale, die nicht nur für den Adel gelten sollten. Und damit wären wir wieder beim Ausgangspunkt dieses Abschnitts: Für Adlige gelten dieselben Werte wie für andere Menschen auch.

Ritterorden

Mit einer „Ordensgemeinschaft" verbindet man meist die Vorstellung von klösterlichem Zusammenleben. Im lateinischen *ordo* steckt unser heutiges „Ordnung" oder „Stand"; Menschen, die sich zu einer solchen Ordens-Gemeinschaft zusammenschließen, verpflichten sich demnach zur Einhaltung bestimmter Regeln. Und das gilt eben nicht nur ausschließlich für das Zusammenleben von Mönchen oder Nonnen.

Allerdings waren, ähnlich wie die klösterlichen Gemeinschaften, auch die Ritterorden in ihren Anfängen den Geboten der Keuschheut, der Armut, des Gehorsams – und des Waffendienstes – verpflichtet.. Denn die Ritterorden gaben bei ihrer Gründung im 12. Jahrhundert zunächst den Pilgern, die ins Heilige Land zogen, Geleit. Und sie erklärten es zu ihrer Aufgabe, die Stätten des Christentums gegen den Islam zu verteidigen.

Zumindest im Mittelalter rekrutierten viele dieser Orden ihre Mitglieder aus dem Adel. Für die Aufnahme in den Orden musste teilweise auch der Adelsnachweis geführt werden.

Der Templerorden war die älteste Institution, die seit ihrem Beginn als ritterlicher Orden bezeichnet werden konnte. Mit vollem Namen hieß er die „Arme Ritterschaft Christi und des salomonischen Tempels zu Jerusalem" *(Pauperes commilitones Christi templique Salomonici Hierosolymitanis)*. Er wurde im Jahr 1312 zerschlagen. Dem Orden durften zwar auch Nicht-Adlige angehören, ihnen standen aber nur dienende Tätigkeiten zu. Um zu den „Ritterbrüdern" innerhalb des Templerordens zu gehören, musste man, oder, besser gesagt, musste der Mann aber bereits vor dem Beitritt in den Orden zum Ritter geschlagen worden sein.

Der bereits 1048 gegründete und 1113 vom Papst bestätigte Johanniter-/Malteserorden ist zwar älter als der Templerorden; er wurde aber erst in einem langsamen Prozess in den 1130er-Jahren aus einem reinen Hospitalorden zum Ritterorden, als seine Ritter zum Schutz der Pilger durch Burgenübernahme und Landesausbau zu Grundherren wurden, die dadurch militärische Aufgaben zu erfüllen hatten. Dafür rekrutierten sie adlig-ritterliche Söldner, bis sie schließlich durch die Eigenrekrutierung von waffenfähigen Brüdern zu einer gleichermaßen karitativen und militärischen Gemeinschaft wurden. Die Malteser und die Johanniter bestehen bis heute, haben sich aber lange schon auch nicht-adligen Kreisen geöffnet.

Symbolische Darstellung der Eroberung Jerusalems (12. bis 14. Jahrhundert)

Der dritte Orden, der hier noch erwähnt werden soll – neben vielen, die wieder einmal aus Platzgründen nicht aufgenommen werden können –, ist der Deutsche Orden. Er wurde ebenfalls im Mittelalter gegründet, und in seinen Anfängen stand er, selbst in hierarchisch höheren Positionen, sowohl Bürgerlichen als auch Adligen offen. Ab dem 15. Jahrhundert war der Rang des „Ritterbruders" jedoch nur noch gebürtigen Adligen vorbehalten. Auch der Deutsche Orden besteht nach wie vor, er betätigt sich heute karitativ und im Bereich der Bildung.

Adelsränge

Es war bis jetzt zwar viel von Königen, Fürsten, Grafen, Baronen usw. die Rede. Aber: Wer steht eigentlich über wem? Im folgenden Abschnitt möchte ich die wichtigsten Adelsränge kurz vorstellen. Eines sei jedoch schon vorweggenommen: Die Rangordnung ist, wie so vieles in der Welt des Adels, nicht immer eindeutig, sie variiert außerdem von Epoche zu Epoche und von Region zu Region. Ein rangniedriger Adliger konnte in manchen Gegenden eine größere Machtfülle besitzen als sein ranghöherer „Kollege" aus einer anderen Region. Um das Chaos aber wenigstens ein bisschen zu lichten, folgt nun eine Klassifizierung.

Da es zu jedem „Kaiser" das weibliche Pendant der „Kaiserin" und zu jedem „Fürst" auch die „Fürstin" gibt, nenne ich aus Platzgründen jeweils nur den männlichen Titel, selbstredend ohne die weiblichen Adelsvertreterinnen außer Acht zu wollen. Die nachfolgende Darstellung beginnt beim ranghöchsten Adelstitel und arbeitet sich allmählich nach „unten" zu den niederen Rängen durch.

Kaiser

An oberster Stelle findet sich der **Kaiser**, in Russland wird er als **Zar** bezeichnet. Der deutschsprachige Titel „Kaiser" leitet sich vom römischen „Caesar" ab. Im Mittelalter wurden nach der „Erneuerung" des westlichen Kaisertums durch Karl den Großen im Jahr 800 auch die

Karl der Große auf einer Zeichnung Albrecht Dürers

Abb. linke Seite: Reiterstatue Karls des Großen

vom Papst gekrönten Herrscher des Frankenreiches und später des Heiligen Römischen Reiches als Kaiser bezeichnet. Der Kaiser wurde als Beschützer des Abendlandes und des christlichen Glaubens angesehen. Ihm sollte damit verbunden auch die Ehrenhoheit über die lateinisch-christlichen Könige zustehen, wenngleich dies faktisch nicht oder kaum durchzusetzen war. Beim mittelalterlichen Kaisertum handelte es sich somit um eine „gesteigerte Königsherrschaft". In der Neuzeit wurde der Titel mehr und mehr mit dem Königstitel identisch. Die übliche Anrede war „Kaiserliche Majestät".

König

Unter dem Kaiser folgt als Nächstes der **König** als höchster monarchischer Würdenträger. Im späten Mittelalter und in der frühen Neuzeit war der König der höchste Souverän seines Landes: Oberhaupt der Regierung, oberster Richter und Gesetzgeber in einer Person. In den meisten modernen Monarchien wie etwa Norwegen oder Schweden ist der König meist Staatsoberhaupt mit ausschließlich repräsentativen und zeremoniellen Aufgaben. Die Anrede eines Königs ist „Majestät".

Erzherzog

Der Rang des **Erzherzogs** ist in diesem Buch bislang nur selten erwähnt worden. Das liegt daran, dass dieser Titel stark regional begrenzt war, nämlich auf das Erzherzogtum Österreich. Alle seit dem Jahr 1463 gewählten Kaiser aus dem Hause Habsburg trugen ihn als erblichen Adelstitel, seit dem Jahr 1804 galt er auch für alle Kaiser von Österreich.

Kurfürst

Vom **Kurfürsten** war insbesondere im Abschnitt über den Adel im Mittelalter bereits des Öfteren die Rede. Und genau dort hat dieser Titel seinen Anfang genommen: Im Heiligen Römischen Reich, das vom 10. Jahrhundert bis ins Jahr 1806 dauerte, war ein Kurfürst ein zur Königs- bzw. Kaiserwahl Berechtigter aus dem Hochadel. Im Rang des „Kurfürsten" trafen sich Träger verschiedener

Kurfürst mit Kurhut und den Namen von Kur- und Territorialfürsten auf dem Gewand sowie Wappen. Kupferstich von J. Seuter bei M. Seutter, um 1740

Und hier noch einmal nur die Kleidung: der Königlich-Böhmische Kurfürstenornat in der Wiener Schatzkammer

Adelstitel (Könige, Herzöge, Erzbischöfe, Land-, Mark- und Pfalzgrafen). Während dieser Zeit bezog sich der Kurfürstentitel nicht auf das regierte Territorium, sondern auf das Reich. So lautete der Titel des brandenburgischen Herrschers nicht etwa „Kurfürst von Brandenburg", sondern „Des Heiligen Römischen Reiches Kurfürst, Markgraf von Brandenburg". Die sieben, später neun Kurfürsten bildeten zusammen das Kurfürstenkollegium. Im Titel steckt übrigens das mittelhochdeutsche Wort *kure*, neuhochdeutsch: die „Wahl". Erhalten geblieben ist uns davon bis heute das Verb „küren" für „auserwählen". Erwähnen sollte man hier noch den Ornat der Kurfürsten: Er bestand aus dem Kurmantel, einem breiten, mantelartigen Rock mit breiten Ärmeln oder Armschlitzen, der ganz mit Hermelinfell ausgeschlagen war. Der Hermelin oder vielmehr sein Fell galt als Symbol königlicher Würde. Dazu kamen ein breiter Hermelinkragen, violette Handschuhe und der Kurhut, eine Samtmütze mit Hermelinumrandung. Unterschieden wurde hier durch die Farbe noch einmal zwischen weltlichen und geistlichen Kurfürsten: Der Ärmelrock und der runde Kurhut der weltlichen Kurfürsten waren aus dunkelkarmesinfarbigem Samt gefertigt, der Armschlitzrock und die viereckige Mütze der geistlichen Fürsten aus dunkelscharlachfarbigem Tuch. Zu den Insignien gehörte des Weiteren ein Kurschwert. Kurfürsten wurden zunächst als „Durchlauchtigster", später als „Königliche Hoheit" angesprochen.

Herzog

Wir sind bei den **Herzögen**. Das waren in ihren Anfängen nichts anderes als germanische Stammesführer, die für die Dauer eines Kriegszuges gewählt wurden. Im frühen Mittelalter bildeten sich Stammesherzogtümer, die im weiteren Verlauf zu Territorial- oder Titularherzogtümern wurden. Ein Herzog war in dieser Zeit Herrscher über bestimmte, räumlich oft zerrissene Territorien oder Träger des vom König verliehenen Adelstitels und damit Herrscher über verschiedene Grafen oder Edelherren. Ob diese ihn ihrerseits allerdings als Herrscher anerkannten, war nicht zuletzt von der Durchsetzungskraft des jeweiligen Herzogs abhängig. Die Herzogswürde wurde vom König als Lehen vergeben und konnte auch wieder entzogen werden. Einem regierenden Herzog gebührte die Anrede „Eure Hoheit" oder „Durchlaucht" – in Abgrenzung zum Kurfürsten, der gar als „Durchlauchtigster" angespruchen wurde–, kam er aus königlichem Haus auch „Königliche Hoheit".

Land-, Pfalz- und Markgraf

Nun kommen wir zu einer Reihe von Grafentiteln.

Wenden wir uns zumächst dem **Landgrafen zu:** So verwirrend es klingen mag, dessen Titel ist ein Fürstentitel. Der Landgraf steht damit im Rang über dem „einfachen" Grafen.

Die lateinische Bezeichnung des **Pfalzgrafen** lautet *palatinus* und bezeichnet einen Mann, der bei Hofe lebt. Pfalzgrafen waren ursprünglich Amtsträger und Vertreter des Königs oder Kaisers. Sie standen dem Hofgericht vor und hatten eine leitende Funktion allgemeiner Art inne. Außerdem fungierten sie auch als Verbindungsmänner zwischen Bittstellern aus dem Reich und dem König oder Kaiser. Im Heiligen Römischen Reich gab es zunächst je einen Pfalzgrafen für jedes Herzogtum. Später wurden die meisten Pfalzgrafschaften einem mächtigeren Fürstentum eingegliedert. Beide, Land- und Pfalzgrafen, wurden als „Hoheit" oder „Durchlaucht" angesprochen.

Pfalzgraf Rapoto III. und seine Gemahlin Adelheid, dargestellt mitsamt dem pfalzgräflichen Wappen. Rapoto III war der letzte offizielle Pfalzgraf von Bayern. Seine Rechte und seinen Besitz eigneten sich im Laufe der Zeit die Herzöge von Bayern an.

Landgraf Wilhelm VIII. von Hessen-Kassel, Gemälde von Johann Heinrich Tischbein dem Älteren

Und auch die **Markgrafen** waren königliche Amtsträger. Sie hatten eine sogenannte Grenzmark zum Lehen, ein Gebiet, das direkt an der Reichsgrenze des Fränkischen Reichs lag und zur Verteidigung dieser Grenze errichtet worden war. Die Anrede für Markgrafen war „Durchlaucht", „Hoheit", aber auch „Erlaucht". Viele der Land-, Pfalz- oder Markgrafen gehörten im Heiligen Römischen Reich dem Reichsfürstenstand an und waren damit im Rang den Herzögen gleichgestellt.

Fürst

Der Titel des **Fürsten** ist zum einen eine allgemeine Bezeichnung für den Landesherrn als „Landesfürst", zum anderen sind Fürsten im Heiligen Römischen Reich Herrscher über ein Fürstentum. Für die Erhebung in den Fürstenstand gibt es einen eigenen Begriff, die „Fürstung". Wird etwa ein „gewöhnlicher" Graf in den Rang eines Fürsten erhoben, so spricht man auch von einem „gefürsteten Grafen". Für die Fürsten gab es in der Vergangenheit gleich mehrere Anreden: einmal die fast schon allgemeine Anrede als „Hoheit". Waren es regierende Fürsten, wurden sie mit „Hochfürstliche Durchlaucht" angesprochen, ohne Regierungsfunktion lediglich mit „Fürstliche Gnaden".

Graf

Nun geht es eine weitere Stufe hinunter in der Adelshierarchie, zu den **Grafen**. Sofern sie reichsunmittelbar, also direkt dem König oder Kaiser unterstellt, waren, stellten sie die unterste Stufe des Hochadels dar. War ihnen in der Neuzeit lediglich der Grafentitel verliehen worden, gehörten sie dem niederen Adel an. Im Ursprung leitet sich die Bezeichnung „Graf" vermutlich vom byzantinisch-grie-

Ein Ausschnitt aus dem Dresdner Fürstenzug (Augustusstraße). Das 120 Meter lange Reiterbild ist aufgetragen auf 23 000 Fliesen aus Meißner Porzellan und zeigt die Ahnengalerie der zwischen 1127 und 1904 in Sachsen herrschenden 35 Markgrafen, Herzöge, Kurfürsten und Könige aus dem Geschlecht des Fürstenhauses Wettin.

chischen grapheus, dem „Schreiber“ ab; in spätrömischer Zeit waren diese *comes*, wie sie genannt wurden, hohe kaiserliche Finanzbeamte. Im Heiligen Römischen Reich umfasste der Titel des Grafen eine ganze Bandbreite, vom Reichsfürsten, also einem hochrangigen Adligen, bis hin zum Titulargrafen, einem per Adelsdiplom geadelten Bürgerlichen – man spricht hier auch vom „Briefadel“, abgeleitet vom „Adelsbrief“. Die bereits weiter oben genannten Land-, Pfalz- und Markgrafen standen im Rang über den „gewöhnlichen“ Grafen. Dasselbe galt für die „gefürsteten“ Grafen, also jene Adligen, die vom König in den Rang eines Fürsten erhoben worden waren. Sie wurden inoffiziell auch als „Reichsgrafen“ bezeichnet.

Freiherr

Es folgt als Nächstes der **Freiherr,** im Deutschen fälschlicherweise auch „Baron“ genannt. Die Bezeichnung leitet sich ab vom Fränkischen *Baro*, auf Deutsch: „Herr“, „Krieger“. In den Adelsbriefen des Heiligen Römischen Reiches wurde der Titel als *liber baro*, freier Herr, übernommen. Die korrekte Bezeichnung im Deutschen ist immer „Freiherr“, nicht „Baron“. Die Würde des Freien Herrn wurde durch ein kaiserliches oder landesfürstliches Diplom verliehen und der so Geadelte damit in den Freiherrenstand erhoben. Freiherren gehören dem niederen Adel an, als Anrede wurde „Hochwohlgeboren“ verwendet.

Baronenkrone

Ritter

Wir sind am Ende der Adelspyramide angekommen, bei den **Rittern** und den **Edlen**. Über die **Ritter** wurde in diesem Buch schon viel geschrieben, hier deshalb nur noch einmal zur Erinnerung: Die Ritter bildeten sich aus den Ministerialen des Mittelalters und gingen im 13. und 14. Jahrhundert in den niederen Adel über.

Der **Edle** stand formal unter dem Freiherren und dem Ritter, aber noch über dem untitulierten Adel. Bei der Nobilitierung konnte das Adelsprädikat des Edlen verliehen werden, es wurde dabei zwischen den Vor- und den Zunamen gesetzt, etwa bei Friedrich Ignaz Edler von Emperger. Die Anrede eines Ritters ebenso wie die eines Edlen lautete ebenfalls „Hochwohlgeboren“.

Die Einteilung nach Adelsrängen ist damit abgeschlossen. Neben der Klassifizierung als „Graf“, „Fürst“ und so weiter gibt es aber noch einige weitere Kategorien, die ich zumindest zum Teil kurz vorstellen möchte. Wer darüber hinaus noch den Unterschied zwischen hohem und niederem Adel kennenlernen oder wissen möchte, was man unter dem „Uradel“ versteht, sei auf das Glossar am Ende des Buches verwiesen. 121

Weitere Klassifizierung des Adels

Eine weitere mögliche Einteilung der Adelsformen ist die nach der Herkunft der Nobilitierung.

Briefadel

Da wäre zunächst einmal der **Briefadel** zu nennen. Zu ihm zählen adlige Häuser, die ursprünglich einmal bürgerlicher oder bäuerlicher Herkunft waren, in der Neuzeit aber durch einen Adelsbrief, auch als „Adelsdiplom“ bezeichnet, in den Adelsstand erhoben, also nobilitiert, wurden. Begonnen hatte das alles in Deutschland in der Zeit Kaiser Karls IV. in der zweiten Hälfte des 14. Jahrhunderts durch die Erhebung von Beamten (vor allem Juristen) in den Adelsstand. Der erste solchermaßen Geadelte war Wicker Frosch, Scholaster an der Stephanskirche in Mainz, dem am 30. September 1360 das Adelsdiplom verliehen wurde.

Der Aufstieg vom Titular- in den Hochadel gelang allerdings nur sehr wenigen Familien.

Amtsadel

Manche Ämter waren automatisch mit der Nobilitierung verbunden. Dementsprechend spricht man hier auch vom **Amtsadel**. Ein derartiger Amtsadel entstand unter anderem durch ausdrückliche Verleihung, so etwa an den Erzbischof von Prag, der dadurch zum Fürsterzbischof wurde. Der Amtsadel war gleichzeitig ein **persönlicher Adel**, das heißt, er war nicht vererbbar und galt lediglich für den Träger, dem er verliehen wurde. In diesem Fall ist die maskuline Form übrigens bewusst gewählt, denn in der Regel war es nur Männern möglich, auf diese Weise nobilitiert zu werden. In manchen Herrschaftsgebieten durften die Ehefrauen den Titel aber auch führen. Immerhin.

Adelsgeschlechter

Adelsnamen

Viele der Adelsnamen waren zunächst Angaben zur Herkunft einer Familie, sie bezogen sich dabei auf den Stammsitz. Wechselte man den Ort oder den Besitz, so änderte sich auch der Name. So etwa wurde aus den Grafen von Arnstein die Grafen von Barby, als sie die Herrschaft über die Burg Barby übernahmen. Manchmal behielt man beide Ortsnamen bei, daraus entstanden die „von … zu"-Namen wie etwa Schenk von Stauffenberg oder Marschall von Bieberstein. Im Mittelalter wird dabei vom Adel die Benutzung des „von" und „zu" strikt eingehalten: Das „von" zeigt den Geschlechternamen, zusätzliche Namen von Wohnorten werden nach dem Schema „von Weißstein zu Schwarzfels" geführt. Einige Adelsgeschlechter haben ganz „normale" Familiennamen, etwa „Gross" oder „Stein", andere wiederum Sippennamen oder Bezeichnungen von Hofämtern, wie „Truchsess" oder „Marschall", oder von Tieren, die ursprünglich auf dem Wappen abgebildet waren, etwa „Fuchs" oder „Gans".

Die bedeutendsten Adelsfamilien oder eher -geschlechter Europas in Kurzporträts darzustellen, ist schon deshalb keine ganz einfache Aufgabe, weil es sehr viele sind. Bei der nachfolgenden Auswahl habe ich mich deshalb exemplarisch auf einige der Geschlechter konzentriert, die die Kaiser des Heiligen Römischen Reiches stellten. Auch die Hohenzollern sind kurz erwähnt, immerhin ging mit dieser Familie das Kaiserreich zu Ende. Wer mehr über Adelsgeschlechter erfahren möchte, den verweise ich auf das allein schon für den deutschsprachigen Bereich 157 Bände umfassende *Genealogische Handbuch* …

Die Karolinger

Bei diesem Adelsgeschlecht beginnt man am besten mit dem Namen: Er leitet sich tatsächlich von Karl dem Großen ab. Der Geschichtsschreiber Widukind von Corvey verwendete im 10. Jahrhundert erstmals die Bezeichnung *Karoli*, „Karle" – dies allerdings für die Nachkommen Karls des Großen: Er nannte näm-

Der Namensgeber der Karolinger am Kölner Dom

INCIPIT LIBER EXODVS

HAEC SUNT NOMINA FILIORU ISRAHEL QUI INGRESSI SUNT IN AEGYPTU CUM IACOB SINGULI CUM DOMIBUS SUIS INTROIERUNT

Auszug aus der Grandval-Bibel in karolingischer Minuskel, entstanden um 840

lich den 911 gestorbenen letzten ostfränkischen – karolingischen – König Ludwig das Kind *ultimus Karolorum apud orientales Francos*, „letzter der Karle bei den Ostfranken". Die „Karle", das waren hier die Könige der Vergangenheit. Aus dem Wort entwickelten sich später die lateinischen Namensformen *Karlenses*, *Karlingi*, *Karolini* und schließlich auch *Karolingi*, woraus dann endgültig im Deutschen die „Karolinger" wurden.

Das Geschlecht der Karolinger beherrschte Mitteleuropa in unterschiedlichen Konstellationen bis zum Dynastiewechsel und der Machtübergabe an die Kapetinger im Jahr 987 und prägte die frühmittelalterliche Welt entscheidend. Am Beginn stehen jedoch zwei andere Königsgeschlechter und damit auch zwei weitere Namen, denn die Ahnherren der Karolinger waren Arnulf von Metz aus dem Geschlecht der Arnulfinger und Pippin der Ältere aus dem Geschlecht der Pippiniden. Die Karolinger selbst, als deren Vorfahren eben jener Pippin der Ältere und Arnulf gelten, herrschten zwar bereits ab 639 mit Unterbrechungen im Frankenreich, jedoch nicht als Könige, sondern nur als Hausmeier, also Verwalter, und zwar – jetzt folgt ein dritter Name – der Merowinger, deren alleinigen Anspruch auf die Königswürde sie respektierten. Zunächst. Aber bis zur Mitte des 8. Jahrhunderts konnten die Karolinger ihre Macht so weit ausbauen, dass sie sich schließlich des merowingischen Königtums entledigten. Pippin der Jüngere wurde 751 mit päpstlicher Unterstützung von den fränkischen Adligen zum König der Franken akklamiert, der letzte Merowinger wurde im Gegenzug abgesetzt.

Und noch einmal Karl der Große: Er begründete ein neues römisches Kaisertum, als er am 25. Dezember 800 in Rom von Papst Leo III. zum Kaiser gesalbt und gekrönt wurde.

Es ging weiter, wie es oft weitergeht mit Königsgeschlechtern: Auf Karl den Großen folgte 814 Ludwig der Fromme als Kaiser. Seine Söhne erhoben sich gegen ihn in wechselnden Koalitionen und bekämpften sich außerdem gegenseitig. 843 einigten sich die drei übrig gebliebenen Brüder Lothar I., Ludwig II. und Karl II. im Vertrag von Verdun schließlich auf eine Teilung der Herrschaft, jedoch nicht des Reiches. Diese Teilung gilt in der historischen Forschung als Beginn der Länderentstehung für Frankreich und Deutschland. Mit Arnulf von Kärnten und Ludwig III. dem Blinden erloschen im 10. Jahrhundert die Karolinger als Kaisergeschlecht.

Und abschließend noch ein bisschen Kulturgeschichte: Der Stil der Baukunst dieser Zeit, eine Form der Vorromanik, wird „karolingischer Baustil" genannt. Die zur Zeit Karls des Großen entstandene Buch- und Verwaltungsschrift wird als „karolingische Minuskel" bezeichnet.

Die Ottonen und Salier

Der Vollständigkeit halber sollen sie, wenn nicht genauer vorgestellt, so doch zumindest genannt werden: Auf die Karolinger folgten die **Ottonen**, die ihren Namen von den drei aufeinanderfolgenden Kaisern Otto I., Otto II. und Otto III. erhalten haben. Die Herrschaftszeit der Ottonen endete im frühen 11. Jahrhundert mit dem Tod Heinrichs II. im Jahr 1024, der keine männlichen Erben hinterließ, sodass die Dynastie mit ihm ausstarb. Auf ihn folgten von 1027 bis 1125 die **Salier**. Und um bei dieser Gelegenheit gleich mit einem Missverständnis aufzuräumen: Das „Salische Recht" (lat: *lex salica*) geht nicht auf dieses Adelsgeschlecht zurück. Es wurde bereits etliche Jahrhunderte zuvor, von 507 bis 511, auf Anordnung des Merowingerkönigs Chlodwig I. verfasst und ist damit eines der ältesten erhaltenen Gesetzbücher. Die *lex salica* zählt zu den germanischen Stammesrechten und legt unter anderem fest, dass ausschließlich Söhne das Land ihrer Väter erben können, woraus sich im 14. Jahrhundert das Verbot der weiblichen Thronfolge herleitete, man spricht hier auch vom „Mannesstammprinzip“. Das salische Recht hat seinen Namen von den „Salfranken“, die allerdings mit dem späteren Geschlecht der Salier nicht in Verbindung stehen.

Die Staufer

Auf die Salier folgten die **Staufer**. Sie gehörten zu den wichtigsten Adelsfamilien des Heiligen Römischen Reiches und brachten vom 11. bis zum 13. Jahrhundert mit Friedrich I. (Barbarossa), Heinrich VI. und Friedrich II. mehrere bedeutende Kaiser hervor.

Bei dieser Gelegenheit sei eine Anmerkung zur Namensgebung gestattet: Friedrich ist der „Leitname“ der Staufer, das heißt, man trifft ihn durchaus häu-

Heute ist sie nur noch eine Ruine: die Burg Hohenstaufen …

… und so sah sie um das Jahr 1685 aus.

figer an. Das erleichtert es zwar nicht unbedingt, der Genealogie dieser Familie zu folgen, entspricht aber herrschaftlicher Tradition.

Die Bedeutung der Staufer als Adelsfamilie lässt sich daran erkennen, dass der salische Kaiser Heinrich IV. im Jahr 1079 den Staufer Friedrich I. – nicht Friedrich I. Barbarossa, dieser folgte erst später! – mit dem Herzogtum Schwaben belehnte und ihm seine Tochter Agnes zur Ehefrau gab. Friedrich I. errichtete die Burg Hohenstaufen, nach der die Staufer ihren Namen erhalten haben, und stiftete um 1102 das Kloster Lorch als Hauskloster. Er und seine Söhne mehrten den Besitz der Familie. Zugleich wurden die Staufer wichtige Verbündete des salischen Kaiserhauses im Südwesten des Reiches.

Nach dem Tod Kaiser Heinrichs V. im Jahr 1125, der das Ende des salischen Königshauses bedeutete, erhoben Friedrich (!) und Konrad, die Söhne Herzog Friedrichs I. von Schwaben und seiner salischen Frau Agnes, Anspruch auf die Königswürde. Friedrich stellte sich zur Wahl, unterlag jedoch Lothar von Supplinburg.

In Gold geprägt: Friedrich II., „das Erstaunen der Welt", auf einer sizilianischen Münze (Augustale), nach 1231

Kaiser Friedrich Barbarossa und Herzog Heinrich der Löwe in Chiavenna (1176), Gemälde von Philipp Foltz (1805–77)

Nach Lothars Tod im Jahr 1137 wurde ein Jahr später mit Konrad III., dem anderen Sohn Friedrichs I., erstmals ein Staufer zum römisch-deutschen König gewählt. Dessen ältester Sohn Heinrich starb im Alter von 13. Jahren, und da sein zweiter Sohn Friedrich (!) erst sechs Jahre alt war, bestimmte Konrad kurz vor seinem Tod seinen Neffen Friedrich – und dies ist nun endlich der berühmte Friedrich I. Barbarossa – zu seinem Nachfolger. Dieser ernannte übrigens im Ausgleich den jüngeren Friedrich, Konrads Sohn, zum Herzog von Schwaben.

Friedrich Barbarossa, der im Jahr 1152 zum König gewählt wurde, setzte die Auseinandersetzungen insbesondere mit der Familie der Welfen und die Expansionspolitik der Staufer fort. Er starb 1190 auf dem Dritten Kreuzzug in Kleinasien. Sein Sohn und Nachfolger Heinrich VI. betrieb eine Politik, die auf die Vereinigung des Imperiums mit dem süditalienischen Normannenreich hinaus-

Der letzte Staufer, abgebildet im Codex Manesse: Die Illumination zeigt zwei Reiter auf der Falkenjagd, die Bildüberschrift dazu lautet „Kunig Chunrat der Junge". Man identifiziert heute den Reiter mit der Krone als Konradin.

lief. Nach einigen Rückschlägen konnte er dies im Jahr 1194 erreichen. Der Nachfolger Heinrichs VI. war sein jüngster Bruder Philipp von Schwaben, nach dessen Tod wurde im Jahr 1211 Friedrich II., der nun volljährige Sohn Heinrichs, zum neuen König gewählt. Ihm wurde vom Volksmund der Beiname *stupor mundi*, das Erstaunen der Welt, verliehen.

Friedrich II. gilt als einer der bedeutendsten römisch-deutschen Kaiser des Mittelalters. Er wurde am 22. November 1220 zum Kaiser gekrönt. Neben der üblichen Expansionspolitik prägten vor allem Auseinandersetzungen mit dem Papst sein Leben. Friedrich II. starb überraschend am 13. Dezember 1250 als Gebannter. Sein Testament macht allerdings deutlich, dass ihm sehr an der Verständigung mit dem Papsttum gelegen war.

Viel Ruhm war den Staufern nach dem Tod Friedrichs II. nicht mehr beschieden: Dessen Sohn Konrad IV. zog 1251 nach Italien, wo er 1254 starb. In Sizilien konnte Konrads Halbbruder Manfred noch bis zur Schlacht bei Benevent 1266 das staufische Königtum sichern. Der letzte männliche Staufer in direkter Linie, Konrads IV. Sohn Konradin, wurde 1268 in Neapel 16-jährig von seinem Gegner Karl von Anjou nach einem Schuldspruch enthauptet.

Die Habsburger

Es gibt ihn: den direkten Nachkommen aus einer der Herrscherfamilien des Heiligen Römischen Reiches. Karl Habsburg-Lothringen, Jahrgang 1961 und ältester Sohn Otto von Habsburgs, des letzten Kronprinzen Österreich-Ungarns. Ursprünglich einmal hieß die Familie nur **Habsburg**, durch die Eheschließung Kaiserin Maria Theresias mit Franz I. Stephan aus dem Hause Lothringen wurde daraus besagtes Haus **Habsburg-Lothringen**.

Aber noch einmal von vorn: Die Mitglieder dieser Dynastie stellten erstmals 1273 und ab 1438 bis zum Ende des Heiligen Römischen Reiches im Jahr 1806 die deutschen Könige und römisch-deutschen Kaiser. Im 16. Jahrhundert teilte sich die Dynastie: Die spanische Linie, die über Spanien und Portugal und deren überseeische Besitzungen in Amerika, Afrika und Asien herrschte, starb 1700 mit Karl II. aus. Auch die österreichische endete 1740 mit Karl VI., wird aber namentlich von den Nachkommen Maria Theresias und Franz I. Stephans von Lothringen als Haus Habsburg-Lothringen fortgesetzt. Und um gleich bei dieser Linie zu bleiben: Hier verblieb die römisch-deutsche Kaiserwürde bis zum Ende des Reiches im Jahr 1806. Der letzte römisch-deutsche Kaiser, Franz II., begründete 1804 das Kaisertum Österreich, das 1867/68 zur Doppelmonarchie Österreich-Ungarn umgewandelt wurde und bis 1918 bestand.

Die Burg Habsburg

Verfolgt man die Ahnenreihe der Habsburger bis in ihre Anfänge zurück, so stößt man dabei in der Legende ebenso auf einen Sohn des römischen Gottes Jupiter wie auf den legendären König Artus. Das drückt zwar ein nicht geringes adliges Selbstverständis aus, wenn man sich jedoch an die historisch nachweisbaren Fakten halten möchte, landet man statt bei König Artus bei einem Grafen Ratbot, der im 11. Jahrhundert bei Brugg im Argau/Schweiz die Burg Habsburg errichtete, und es war Otto Graf von Habsburg, der sich im 12. Jahrhundert als Erster „von Habsburg" nannte.

Von diesem Stammsitz aus sicherte sich die Familie einen Herrschaftskomplex, der im 13. Jahrhundert vom Oberelsass bis zum Bodensee reichte. Als mächtigster Herr im Südwesten wurde Rudolf von Habsburg (1218–91) im Jahr 1273 als Rudolf I. zum deutschen König gewählt.

Der Aufstieg zur dynastischen Weltmacht begann schließlich unter Kaiser Maximilian I. (1459–1519) im späten 15. und frühen 16. Jahrhundert, der das

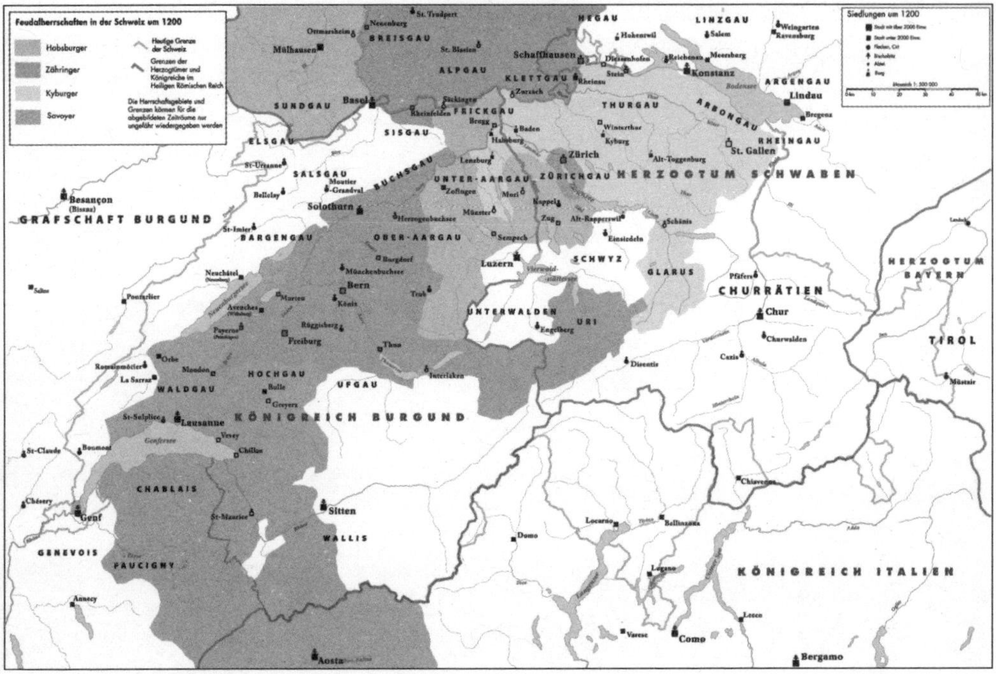

Die Gebietsansprüche der Habsburger um 1200

Reich durch geschickte Heiratspolitik noch erheblich vergrößerte. Kaiser Maximilian galt als hochgebildet und war ein Förderer von Kunst und Wissenschaft. Er ließ mehrere poetische Werke schreiben, die zwar zugegebenermaßen entsetzlich langweilig zu lesen sind, aber in allegorisierter Form von seinem Leben erzählen. Kunsthistorisch berühmt ist das von ihm konzipierte Grabdenkmal aus 28 überlebensgroßen Bronzefiguren, die seinen Trauerzug darstellen. Kaiser Maximilian liegt in der St. Georgs Kapelle der Wiener Neustädter Burg begraben; da die Bronzefiguren für diesen Raum aber zu schwer waren, ließ Maximilians Enkel sie nach Innsbruck bringen und zusammen mit einem leeren Grabdenkmal in der eigens zu diesem Zweck erbauten Hofkirche aufstellen. Dargestellt sind historisch verbürgte Persönlichkeiten ebenso wie etwa König Artus.

Am Anfang des 16. Jahrhunderts umfasste der Besitz des Hauses Habsburg außerdem Spanien mit allen Nebenländern in Europa und Übersee sowie Ungarn und Böhmen, sodass sich Kaiser Karl V. (1500–58) als „Monarch der Welt" sah, in dessen Reich die Sonne nie unterging. Nach seinem Tod kam es zur bereits erwähnten Trennung in eine spanische und eine österreichische Linie. Letz-

Die Innsbrucker Hofkirche mit dem Grabmal Maximilians I.

tere beherrschte, später unter dem Namen Habsburg-Lothringen, bis ins frühe 20. Jahrhundert hinein die „Donaumonarchie“ Österreich-Böhmen-Ungarn. Für den letzten Kaiser des Heiligen Römischen Reiches, Kaiser Franz II., komponierte übrigens Joseph Haydn im Jahr 1797 die sogenannte Kaiserhymne „Gott erhalte Franz, den Kaiser, unsern guten Kaiser Franz“. Zwar gibt es heute keinen „guten Kaiser Franz“ mehr, die Melodie ist aber in der deutschen Nationalhymne erhalten geblieben.

Bis sich im Jahr 1866 die Bindungen des Hauses an Deutschland lockerten, galt das Haus Habsburg als die „vornehmste der Dynastien Deutschlands“. Für Österreich war bereits 1804 ein eigenständiges Kaisertum gegründet worden, und bis ins Jahr 1918 blieb Österreich ein monarchistisches Staatswesen, das zusammengehalten wurde von Kirche, Heer und … Adel. Wie in Deutschland wurden

Kaiser Maximilian I. auf einem Porträt Albrecht Dürers, 1519

Der Kaiser: Franz II., Porträt aus dem Jahr 1792

Der Komponist: Joseph Haydn

Die Melodie: die Kaiserhymne, 1. Strophe

auch in der Republik Österreich 1919 alle Vorrechte des Adels und damit auch des Hauses Habsburg abgeschafft. Anders als in Deutschland dürfen Adlige hier allerdings auch keine Adelstitel mehr führen.

Dementsprechend nennt sich der Enkel Karls I., des letzten Kaisers von Österreich und Königs von Ungarn, auch nur Karl Habsburg-Lothringen. Seinen Angaben zufolge umfasst die Familie Habsburg-Lothringen derzeit etwa 500 Mitglieder, ungefähr 280 von ihnen leben in Österreich. In einem Interview in der österreichischen Tageszeitung *Kurier* aus dem Jahr 2012 erklärte er, er könne es nicht als Tragödie ansehen, dass Österreich keine Monarchie mehr sei. Auf die

Ludwig II. von Bayern nach einem Gemälde von Gabriel Schachinger, posthum vollendet 1887. Das nach französischen Vorbildern gefertigte Bildnis zeigt den König im Gewand des Großmeisters des Ordens des Heiligen Georg und hängt im Museum von Schloss Herrenchiemsee.

Stammwappen der bayerischen Herzöge aus dem Hause Wittelsbach (um 1300)

Frage nach der Erziehung seiner eigenen Kinder angesprochen, antwortete er, sie wüchsen in einem normalen Umfeld auf, und ergänzte, er wolle damit nicht sagen, „dass Adelige anormal sind, das sind die meisten sicher nicht". Aber auch seine Kinder gingen in staatliche Schulen. „Das ist wesentlich normaler, als man sich das vorstellt, wenn man die Klatschspalten liest."

Die Wittelsbacher

Der bayerische Löwe und die blau-weißen Rauten – hier sind sie schon um 1300 zu Hause: im Stammwappen der Wittelsbacher. Sie sind eines der ältesten deutschen Adelshäuser. Heute denkt man bei Wittelsbach an Bayern, aber diese Dynastie stellte zeitweise auch Könige in Ungarn, Schweden, Dänemark und Norwegen, Griechenland und im Römisch-Deutschen Reich. Zwei Kaiser des Heiligen Römischen Reiches waren Wittelsbacher.

Der heute prominenteste Vertreter der Wittelsbacher ist Ludwig II. von Bayern (1845–86), der „Märchenkönig". Ludwig II. ist vor allem in Erinnerung als

Das Märchenschloss des „Märchenkönigs": Neuschwanstein

leidenschaftlicher Schlossbauherr. Mit Neuschwanstein, Herrenchiemsee und Linderhof setzte er sich imposante Denkmäler. Er strebte nach einem mystisch geprägten Idealbild eines christlichen Königtums. Dabei zog Ludwig II. sich in Traumwelten zurück. Er war jedoch auch ein großer Förderer von Kunst und Kultur, begründete etwa die Richard-Wagner-Festspiele in Bayreuth.

Das derzeitige Oberhaupt des Hauses Wittelsbach ist Franz (Bonaventura Adalbert Maria) Herzog von Bayern, seit 1996. Geboren wurde er 1933 in München. Er verwaltet die Stiftung „Wittelsbacher Ausgleichsfonds". Dazu zählen verschiedene Schlösser. Außerdem leitet er die Wittelsbacher Landesstiftung für Kunst und Wissenschaft. Zum Privatvermögen der Wittelsbacher gehören außer mehreren Schlössern noch Immobilien, Industrieanteile sowie land- und forstwirtschaftliche Betriebe mit etwa 12 500 Hektar Land.

Franz von Bayern ist Nachfahre der schottischen Stuarts. Die Jacobiten (englische, schottische und irische Anhänger der Stuarts) sehen ihn deshalb seit dem Tod seines Vaters als Prätendenten auf den britischen Thron an. Sie bezeichnen ihn als „Francis II., König von England, Schottland, Irland und Frankreich". Franz von Bayern hat diesen Titel aber nie öffentlich beansprucht.

Die Burg Hohenzollern

Die Hohenzollern

Die Dynastie der **Hohenzollern** steht heute für Preußen. Und in der Tat trägt die Website dieses Geschlechts den Namen „preussen.de". Beim Stichwort „Hohenzollern" denkt man heute zuerst an „Wir wollen unsern alten Kaiser Wilhelm wiederhaben." Die Ursprünge der Dynastie liegen aber in Schwaben. Dort steht die Stammburg Hohenzollern, 30 Kilometer südlich von Tübingen.

Heute bestehen die Hohenzollern aus zwei Linien: der königlichen brandenbur-

Das Stammwappen der Hohenzollern

Der erste König von Preußen, Friedrich I. (1657–1713) …

… und der letzte, Wilhelm II. (1859–1941)

gisch-preußischen und der fürstlichen schwäbischen. Die schwäbische darf sich zwar nicht „königlich" nennen, ist dafür aber älter: Im Ländle regierten die Hohenzollern schon im 11. Jahrhundert und sie stellen quasi die Mutter-Linie dieses Adelsgeschlechtes dar. Im 13. Jahrhundert trennten sich davon die fränkischen Hohenzollern mit Sitz in Nürnberg ab. Von den Franken wiederum spalten sich im 15. Jahrhundert die brandenburgisch-preußischen Hohenzollern ab.

Und dieser Zweig der Familie ist es, an den wir heute meist denken. Er stellte für mehr als 200 Jahre die preußischen Könige bis zum Ersten Weltkrieg. Im Deutschen Reich ab 1871 sind drei Hohenzollern Kaiser. Aus der schwäbischen Linie (Sigmaringen) stammen außerdem die rumänischen Monarchen von 1866 bis 1947.

Heute hat das Gesamthaus der Hohenzollern einen gemeinsamen „Chef". Das ist kein flapsiger Begriff. Ehemals regierende Herrscherhäuser nennen so das „Familienoberhaupt". Es ist nach rein interner Bezeichnung dieser Adelsfamilien der „Chef des Hauses": das Familienmitglied, das nach den historischen Erbfolgeregelungen zur Thronfolge berechtigt wäre. Dies wäre bei den Hohenzollern eigentlich Friedrich Wilhelm von Preußen, der älteste Sohn von Prinz Louis Ferdinand.

Nach dem Hausgesetz der Hohenzollern jedoch erbt nur derjenige älteste männliche Nachkomme, der auch eine ebenbürtige (morganatische) Ehe eingeht. Das Gebot bedeutet seit jeher im Wesentlichen, dass ein Adliger nicht seine Mätresse heiraten soll. Friedrich Wilhelm von Preußen aber heiratete 1967 eine schnöde Bürgerliche. Damit wurde seine Nachfolge als Chef hinfällig und beinahe auch das Familienvermögen.

Stattdessen ist Georg Friedrich Prinz von Preußen seit 1994 Chef des Gesamthauses der Hohenzollern. Er ist der Enkel von Prinz Louis Ferdinand und nicht der Sohn des verfemten Friedrich Wilhelm. Das neue Familienoberhaupt hat sich 2011 auch standesgemäß vermählt, bei einer aufsehenerregenden Hochzeit mit Sophie Prinzessin von Isenburg in Potsdam.

Georg Friedrich (geboren 1976 in Bremen) lebt in Berlin und arbeitet als Unternehmens- und Existenzgründerberater mit Wissenschaftlern an der Verwertung von Hochschulinnovationen. Deutsche Monarchisten sehen ihn als Anwärter auf einen theoretischen preußischen oder deutschen Thron. Er selbst sagt, dass er eine politische Rolle weder innehabe noch anstrebe. Er fühle sich auch nicht als „Adliger". Georg Friedrich vergleicht seine Rolle mit der eines Unternehmers, der einen alteingesessenen Familienbetrieb führt. Damit entspricht er einem neuen Typus von Adligem, der sich eher durch Managementqualitäten auszeichnet als durch ein eventuell sogar überhöhtes Standesbewusstsein.

Hamburg und der Adel

Über den Adel wurde bisher viel erzählt – was bei einem Buch zum Thema auch nicht weiter erstaunlich ist. Und wenn man sich eben anschaut, wie viele Hochglanzmagazine mit nichts anderem als mit Geschichten aus der Welt jenseits von Büroalltag und Supermarkteinkäufen gefüllt werden, dann wird klar, dass das Interesse am Adel ungebrochen ist.

Aber es geht, oder vielmehr: es ging, auch anders. In Hamburg nämlich.

1700 Seiten umfasst das Telefonbuch der Hansestadt Hamburg heute. Zählt man, wie viele Einträge sich mit einem „von" oder gar einem „Grafen" finden, dann sind das zusammengerechnet gerade zwei Seiten. Für eine Millionenstadt nicht unbedingt viele.

Diese fehlende Liebe zum Adel reicht bis ins Mittelalter zurück: Schon im Stadtbuch von 1276 wurde Rittern das Wohnen innerhalb der Wälle Hamburgs untersagt. Und bis ins Jahr 1860 gab es in Hamburg ein Verfassungsverbot zum Erwerb von innerstädtischen Grundstücken durch Adlige. Dieses Verbot ließ sich zwar umgehen, indem Hamburger Bürger als Strohmänner auftraten. Aber besonders gern gesehen waren Adlige in dieser Hansestadt nicht. Anders übrigens als in Lübeck, wo auswärtige Adlige das Bürgerrecht erwerben und sich am öffentlichen Leben beteiligen durften, was ihnen in Hamburg nicht gestattet war. Und die Abneigung der Hamburger Kaufmannsfamilien gegen den Adel ging sogar noch weiter. Wenn ein Hamburger Hanseat eine adlige Frau heiratete, nahm man das gerade noch hin. Lief aber umgekehrt eine Hamburgerin Gefahr, einen Adligen zu ehelichen, waren die Eltern völlig am Ende mit ihrem Weltverständnis. Als etwa Adolphine Schramm erfuhr, dass zwei ihrer unverheirateten Schwestern von adligen Männern umworben wurden, schrieb sie ihrer Mutter: „Arme Mutter, wie würdest du dich fühlen, wenn du zwei adlige Schwiegersöhne bekämest; denn ich glaube – nächst Juden, Schauspielern und Leutnants – hältst du das für die schlimmste Heimsuchung."

Wie aber kam es zu dieser rigoros ablehnenden Haltung dem Adel gegenüber? Der Grund dafür dürfte in Hamburgs Geschichte liegen. Die Stadt war nie eine Residenz. Es gab also keinen Hof und dementsprechend auch keinen Bedarf an Hofbeamten, Offizieren oder Diplomaten. Und genau diese Aufgaben wurden traditionell vom Adel übernommen. Hamburg dagegen war eine Kaufmanns-

Das Hamburger Rathaus am Rathausmarkt

stadt. Zur sozialen Führungsschicht zählte man hier, weil man sich als erfolgreicher Handelsherr oder Reeder in den Stand der Großbürger emporgearbeitet hatte. Die vermögenden Großkaufleute gaben in Hamburg den Ton an. Und sie sorgten dafür, dass das erarbeitete Vermögen in der Familie blieb und sich nach Möglichkeit durch geschickte Heiratspolitik weiter vermehrte. Der „richtige" Adel dürfte hier dem „Kaufmannsadel" durchaus als Vorbild gedient haben. Ihn aus der Stadt auszuschließen, wird seinen Grund vermutlich weniger im hehren Idealismus von der Gleichheit aller Menschen gehabt haben als eher darin, dass die einen den anderen so nicht in die Quere kommen konnten.

Die alte Speicherstadt in Hamburg

Mit dem Ende des Heiligen Römischen Reiches Deutscher Nation lockerte sich in der Hansestadt die Haltung dem Adel gegenüber, und nach dem Tod Fürst Bismarcks baute man in Hamburg sogar für 500 000 Goldmark das größte Bismarck-Monument der Welt.

Schon im Stadtrecht aus dem 13. Jahrhundert waren "Auszeichnungen fremder Herren„ für Hamburger Bürger ausgeschlossen. Und daran hat sich bis heute nicht so viel geändert: Allen Senatoren, Bürgerschaftsabgeordneten und Mitarbeitern im öffentlichen Dienst ist es ausdrücklich untersagt, Auszeichnungen anzunehmen – selbst nach ihrer Pensionierung. Der Altbundeskanzler Helmut

Die Speicherstadt bei ablaufendem Wasser

Schmidt lehnte deshalb auch das Bundesverdienstkreuz mehrfach mit dem Hinweis ab, dass er einst Hamburger Senator war.

Inzwischen hat Hamburg seine über Jahrhunderte hingebungsvoll gepflegte Abneigung gegenüber Adligen aufgegeben. Klaus von Dohnanyi wurde trotz seines Adelstitels zum Bürgermeister gewählt. Auch Ole von Beust ist ein Freiherr und durfte dennoch von 2001 bis 2010 Bürgermeister der Freien und Hansestadt Hamburg sein.

Nicht nur der Adel lockert also allmählich sein Standesdenken und öffnet sich „nach unten", das hanseatische Patriziat öffnet sich gleichzeitig „nach oben". Eine Annäherung, wenn man es so nennen möchte, die die Realität unserer Gesellschaft und die formalen Vorgaben einander angleichen.

Abb. rechte Seite: Das Bismarck-Denkmal im alten Elbpark in Hamburg (Landungsbrücken)

Die zehn …
… reichsten, wohltätigsten, peinlichsten Adligen

Zum Abschluss dieser kleinen Einführung folgt nun doch noch ein kleiner Ausflug in den Klatsch und Tratsch rund um den Adel. Die drei Ranglisten legen dar, wie man sich wirklichen Reichtum vorstellen muss und in welchen Bereichen sich Adlige durch ihre Wohltätigkeit besonders auszeichnen. Sie zeigen aber auch, dass ein hoher gesellschaftlicher Status absolut nicht vor Peinlichkeiten und Bildungslücken bewahrt.

Die zehn reichsten Königshäuser der Welt

1. **König Bhumipol Adulyadej (Thailand):** Er ist der am längsten regierende und reichste Monarch der Welt. Laut *Forbes* beträgt sein Vermögen 35 Milliarden Dollar. Allein in Bangkok gehören ihm 14 000 km^2. Er hält Anteile an zwei Banken und investiert im Versicherungsgeschäft.

2. **Scheich Khalifa bin Zayed El Nahyan (Vereinigte Arabische Emirate):** Sein Vermögen beträgt 23 Milliarden Dollar und entstammt dem Ölgeschäft. Die Emirate verfügen über ein Zehntel der weltweiten Ölreserven. Zum Öl kommen Bankgeschäfte und Immobilien. Zwischen 2005 und 2007 stieg der Wert seiner Immobilien um 100 Prozent.

3. **König Abdullah bin Abdul Aziz (Saudi-Arabien, gestorben am 23. Januar 2015):** Der drittreichste König brachte es auf 21 Milliarden Dollar. Der Staat Saudi-Arabien verdient pro Tag rund eine Milliarde Dollar im Ölgeschäft.

4. **Sultan Haji Hassanal Bolkiah (Brunei):** Er stand ehemals auf Platz 1 dieser Rangliste, aber Brunei hat seine Ölförderung gedrosselt, weil das Öl langsam knapper wird. Dem Sultan bleiben aber immer noch 20 Milliarden Dollar.

5. **Scheich Mohammed bin Rashid (Dubai):** Der Scheich des Emirats Dubai besitzt rund 18 Milliarden Dollar. Er ist Hauptaktionär der Dubai Holding. Diese hält Aktien an dem Bank- und Versicherungsriesen HSBC, an Sony und Immobilienholdings. Der Scheich besitzt eine 15 000-Quadratkilometer-Farm in Kentucky und eine in Australien im Wert von 460 Millionen Dollar.

6. **Fürst Hans-Adam II. (Liechtenstein):** Er ist der erste Europäer unter den Reichsten. Mit seiner Familienbank LGT verfügt er über etwa 5 Milliarden Dollar. Sein Landbesitz in Österreich ist größer als Liechtenstein (200 km^2 gegenüber 160 km^2). In Wien besitzt er mehrere Paläste aus dem 17. Jahrhundert.

7. **Scheich Hamad bin Khalifa El Thani (Katar, abgedankt am 25. Juni 2013):** Er entthronte 1995 seinen Vater und krönte sich selbst. Die Nr. 7 der Royals beutet die Öl- und Gasvorkommen in großem Stile aus und macht Katar zum Land mit dem höchsten Pro-Kopf-Einkommen der Welt.

8. **König Mohammed VI (Marokko):** Er verdient sein Geld mit Phosphatminen, Landwirtschaft und der Beteiligung an Marokkos größtem öffentlichem Unternehmen ONA. Sein Privatvermögen schätzt man auf 1,5 Milliarden Dollar.

9. **Fürst Albert II. (Monaco):** Er bringt es auf 1,4 Milliarden Dollar. Der Erbe der über 700 Jahre alten Grimaldi-Familie regiert seit 2005. Sein Vermögen beruht auf Grundbesitz, Kunst, Oldtimern, Briefmarken und Anteilen am Casino von Monte Carlo.

10. **Sultan Qabus bin Said (Oman):** Im Vergleich zum König von Thailand mutet er quasi als Hartz-IV-Empfänger an: schlappe 1,1 Milliarden Dollar beträgt sein Privatvermögen. Auch auch dieses stammt wieder hauptsächlich aus Ölgeschäften.

10 Adlige / Adelsfamilien mit sozialem Engagement

1. **Die Rothschilds:** Seit dem 19. Jahrhundert gibt es auch jüdische Adelsfamilien. Die bekannteste Dynastie sind die Rothschilds. Mayer Amschel Rothschild, dem Gründer der Dynastie, war es noch verboten, außerhalb des Frankfurter Ghettos Grundbesitz zu erwerben. Seine Söhne zählten zu den wohlhabendsten Europäern. 1885 wurde einem seiner Enkel die englische Peerswürde verliehen und er somit in den Hochadel aufgenommen. Soziales Engagement ist zugleich ein Instrument des gesellschaftlichen Aufstiegs. Da es unter den Aufsteigern überproportional viele Juden gibt, sind sie auch in der Wohlfahrtspflege besonders zahlreich und aktiv. So war etwa der Bau von Wasserleitungen in Wiens wachsenden Arbeitervierteln (um 1830) nur mit Spenden der Rothschilds möglich. Sie steuerten fast das Dreifache des städtischen Anteils bei. In Frankfurt geht ein Drittel der allgemeinnützigen Stiftungen auf jüdische Gründer zurück.

2. **Königin Silvia von Schweden:** Sie erhielt im November 2014 die Martin-Buber-Plakette für ihr soziales Engagement. Das deutsch-niederländische Kulturfestival Euriade würdigte damit ihren Einsatz für benachteiligte Kinder weltweit. Königin Silvia kämpfe mit ihrer Stiftung World Childhood Foundation gegen Ausbeutung und Vernachlässigung von Kindern, Misshandlung und Missbrauch sowie für bessere Lebensbedingungen für Kinder.

3. **Caroline von Hannover, Prinzessin von Monaco:** Sie erhielt im Dezember 2011 in Passau den Menschen in Europa Charity Award – Adel verpflichtet. Die Verlagsgruppe Passau würdigte ihre Arbeit für die Kinderhilfsorganisation Amade Mondiale.

4. **Catherine, Herzogin von Cambridge:** Im Februar 2015 wendete sie sich mit einer Videobotschaft an ihre Landsleute und rief zum Kampf gegen psychische Krankheiten bei Kindern auf. Sie forderte ein Ende der Stigmatisierung. „William und ich haben gesehen, dass so viele junge Leute nicht klarkommen mit Mobbing, dem Verlust von geliebten Menschen, häuslicher Gewalt oder kaputten Familien." Ohne Unterstützung könnten die Auswirkungen traumatisch sein. „Viele Kinder haben mit ernsten Problemen wie Angst, Depressionen, Abhängigkeiten und Selbstverletzungen zu kämpfen."

5. **Familie Thurn und Taxis:** Das Fürstenhaus betrieb und unterhält zahlreiche Kranken- und Waisenhäuser. Etliche Vereine erfuhren und erfahren bis heute Unterstützung. Nach dem Ersten Weltkrieg etwa gründete Fürst Albert I. die fürstliche Notstandsküche zur Versorgung Bedürftiger. Bis heute bekommen unter Urenkel Albert II. täglich bis zu 250 Bedürftige kostenlos eine warme Mahlzeit.

6. **Olga Nikolajewna und Maria Pawlowna Romanowa:** Beide waren russische Großfürstinnen der Zarenfamilie. Maria Pawlowna heiratete 1804 den Prinzen von Sachsen-Weimar, Olga Nikolajewna ehelichte 1846 den König von Württemberg. Das soziale Engagement der beiden war außerordentlich – die Weimarer liebten und verehren Maria Pawlowna als „Engel der Armen, Kranken und Waisen". Sie zahlte soziale Vorhaben aus ihrer Privatschatulle. Nach Olga Nikolajewna sind noch heute zahlreiche Einrichtungen in Stuttgart benannt, zum Beispiel das Olgahospital, das Karl-Olga-Krankenhaus und das Königin-Olga-Stift.

7. **Die Esterházys:** Die alte ungarische Magnatenfamilie unterstützt auch die Bereiche Kultur, Soziales, Bildung und Wissenschaft. Die Esterházy Privatstiftung steht für dieses Engagement. Die Mitglieder dieser Familie gelten seit Jahrhunderten als großzügige Mäzene. Schon Joseph Haydn kam in den Genuss ihrer Gunst.

8. **Die Fuggers:** Der Name Fugger wurde vor 500 Jahren zu einem Synonym für Reichtum, und so ist auch der Adelstitel für diese Kaufmannsfamilie zu erklären. Die Familie steht für die älteste bestehende Sozialsiedlung der Welt, die Fuggerei. Jakob Fugger, „der Reiche", stiftete sie 1521. Derzeit wohnen in den 140 Wohnungen der 67 Häuser 150 Bedürftige für eine Jahres(kalt)miete von 0,88 Euro. Bis heute wird die Sozialsiedlung aus dem Stiftungsvermögen Jakob Fuggers unterhalten.

9. **Königin Máxima:** Die Prinzessin der Niederlande erhielt im März 2014 den Deutschen Medienpreis für ihr soziales Engagement. Sie setzt sich beharrlich dafür ein, dass Kleinstunternehmen in Entwicklungsländern Zugang zu Minikrediten bekommen, Stichwort: finanzielle Inklusion. Sie kommentiert ihr Wirken folgendermaßen: „Das ist ganz einfach. Es bedeutet Zugang zu dauerhaften finanziellen Dienstleistungen zu vernünftigen Kosten für alle. [...] Menschen in das finanzielle System zu bringen, macht Unabhängigkeit möglich. Und das ist genau das, was wir tun müssen.«

10. **Paola von Belgien:** Der Hilfsfonds der Königin unterstützt Bürger, die wegen Armut ihren täglichen Bedarf nicht decken können und daraufhin ein Hilfsgesuch an Paola richten, da sie sich keinen Rat mehr wissen. Mit einer Stiftung kümmert sie sich um Ausbildung und Integration von Jugendlichen, als Ehrenvorsitzende von Child Focus kämpft sie gegen Kindesmissbrauch.

Die zehn skurrilsten Pressemitteilungen zum Adel

1. „Afrika hat Probleme nicht wegen fehlender Verhütung. Da sterben die Leute an AIDS, weil sie zu viel schnackseln. Der Schwarze schnackselt gerne."

   Dieses Zitat stammt von Gloria von Thurn und Taxis aus der Talkshow *Friedman* vom Mai 2001. Es ist wohl die bekannteste (berüchtigtste) Äußerung der Fürstin. Im September 2008 äußerte sie in einem Interview mit der *Bild am Sonntag*: „Die Afrikaner sind mitnichten anders drauf als wir. Dass die mehr schnackseln, hat mit den klimatischen Bedingungen da unten zu tun." Es folgte ein Verweis darauf, dass man im warmen afrikanischen Klima weniger Kleidung trage. Im November 2008 sagte sie bei *Beckmann*, nur Treue schütze gegen HIV/AIDS, Kondome dagegen nicht.
   http://de.wikipedia.org/wiki/Gloria_von_Thurn_und_Taxis#cite_ref-16

2. „Guten Tag, Herr Reichskanzler!"
   Mit diesen Worten begrüßte der britische Prinz Philip Helmut Kohl bei der Hannover-Messe 1997. Mit politischer Unkorrektheit erwarb er sich bei vielen Briten auch Sympathie. Zu englischen Studenten in China sagte er: „Wenn Sie länger hier bleiben, werden Sie alle Schlitzaugen bekommen." Und zu britischen Studiosi in Papua-Neuguinea: „Sie haben es also geschafft, nicht verspeist zu werden." Aborigines in Australien fragte er, ob sie noch mit Speeren nacheinander werfen würden. Zum Landestracht tragenden Präsidenten von Nigeria sagte er: „Sie sehen aus, als wollten Sie gleich ins Bett gehen." http://de.wikipedia.org/wiki/Philip,_Duke_of_Edinburgh

3. „Lass mich dein Tampon sein!" So sagte Prinz Charles zu Camilla in einem Telefonat, das abgehört und 1992 von der Boulevard-Presse veröffentlicht wurde. Fortan spricht man von „Camillagate". Charles war zur Zeit des Telefonats noch mit Prinzessin Diana verheiratet und führte seit Jahren eine heimliche Beziehung mit Camilla. Seit 2005 sind Charles und Camilla verheiratet. http://www.spiegel.de/fotostrecke/shocking-skandale-des-britischen-koenigshauses-fotostrecke-25959-4.html

4. Prinz Harry erschien 2005 auf einer Geburtstagsparty im Kostüm: als Soldat aus Rommels Afrikakorps – mit Hakenkreuzbinde. Prompt hatte er den Spitznamen „Harry the Nazi“ weg. In der Yellow-Press spekuliert man, „seine wilde Freundin Chelsy“ habe ihn um den Verstand gebracht, er trage immer noch daran, mit 13 Jahren seine Mutter Diana verloren zu haben und dass sein Vater Charles laut sich wiederholender Presse im Kreißsaal gesagt habe: 'Ach du je, ein Junge. Und dann auch noch rothaarig.'“
   http://www.stern.de/lifestyle/leute/skandal-harry-und-das-hakenkreuz-535085.html

5. Ernst August von Hannover wird von einer Punk-Band in einem eigenen Lied als „Sid Vicious der Aristokratie“ bezeichnet. Auch ein Computerspiel namens „Pipi-Prügel-Prinz“ widmet sich seinen Eskapaden. Es bezieht sich auf das Urinieren am türkischen Pavillon der Expo 2000 und das Verprügeln eines Paparazos und funktioniert so: „Sie steuern den Prinzen über Biergläser hinweg. Je mehr Bier er trinkt, desto mehr füllt sich seine Blase. Damit der Prinz nun den 'Druck' wieder loswird, muss der Spieler mit der Taste 'y' den Prinzen 'für kleine Prinzen machen lassen'. Doch aufgepasst! – Überall lauern Paparazzi. Werden Sie von diesen erwischt, haben Sie nur ein paar Sekunden Zeit, um mit einem Regenschirm den *Bild*(?)reportern gentlemen-like eins überzubraten. Schaffen Sie es nicht, so ist das Spiel vorbei. Statt einem 'Game over' sehen Sie dann auf dem Bildschirm die Schlagzeile von 'WILD': 'Pipi-Prinz auf frischer Tat ertappt.'“
   http://de.wikipedia.org/wiki/Ernst_August_von_Hannover_%281954%29 und http://www.pcwelt.de/downloads/Pipi-Pruegel-Prinz-588659.html

6. „Carl XVI. Gustaf – Der widerwillige Monarch“ – dieses Buch sorgte 2010 in Schweden und weit darüber hinaus für Aufsehen. Der König soll in Stripclubs und Bordellen wilde Partys gefeiert und Königin Silvia mit einer ehemaligen Popsängerin betrogen haben. Die Schweden waren entsetzt. Schwedische Zeitungen forderten Carl Gustavs Abdankung. Der König erklärte in einem Interview, „es sei Definitionssache, was man mit Strip- oder Sexclub meine“. http://www.bunte.de/schweden/carl-gustaf-von-schweden-so-meisterte-er-die-krise-um-den-sex-skandal-112821.html

7. Prinz Marcus von Anhalt oder Marcus Eberhardt? Sein Adoptivvater Frédéric Prinz von Anhalt möchte die Adoption des „Protz-Prinzen“ Marcus aufheben. Der ehemalige Metzger hat sich ein Vermögen mit Bordellen und Nachtclubs aufgebaut, wurde wegen Steuerhinterziehung zu vier Jahren Haft

verurteilt und ist eines von rund 60 Adoptivkindern Frédérics („Prinz Peinlich“). Dieser ist seinerseits der Adoptivsohn von Marie Auguste Prinzessin von Anhalt und verheiratet mit Zsa Zsa Gabor. Medienberichten von 2011 zufolge wollte er mit seiner 94 Jahre alten Ehefrau noch ein leibliches Kind haben. http://de.wikipedia.org/wiki/Fr%C3%A9d%C3%A9ric_von_Anhalt und http://www.focus.de/kultur/er-hat-uns-nicht-verdient-adoption-geloest-frederic-verstoesst-marcus-von-anhalt_id_4424690.html

8. „Sie hatte kein Problem mit den sexuellen Wünschen ihrer Gastgeber, weil sie es schmutzig mag.«
   So zitiert der britische Journalist und Autor Ian Halperin einen ehemaligen Presseattaché Sarah Fergusons. Laut Medienberichten um einen „flotten Dreier“ habe die Herzogin 2010 eine Woche mit zwei schwerreichen Öl-Magnaten auf einer Luxusyacht verbracht und für Sex-Spielchen 300 000 Pfund in bar erhalten. Die hochverschuldete Ferguson kam zuvor außerdem damit in die Schlagzeilen, dass sie einem als Geschäftsmann getarnten Journalisten „Kontakte“ zu Prinz Andrew für 500 000 Pfund verkaufte. http://www.welt.de/vermischtes/prominente/article8077143/Sarah-Ferguson-und-das-unmoralische-Angebot.html und http://www.faz.net/aktuell/gesellschaft/menschen/500-000-pfund-fuer-treffen-mit-dem-prinzen-verlangt-fergie-zerknirscht-ueber-andrew-deal-1984917.html

9. Mystery Girl – so nannte Michael Jackson die weibliche Stimme in seinem Song „In the Closet“ von 1991. Später wurde bekannt, dass Prinzessin Stéphanie von Monaco das „Mystery Girl“ ist. Sie hatte Mitte der 1980er-Jahre eine kurze Musik-Karriere begonnen und mit „Irresistible“ und „One Love to Give“ einen Top-10-Hit erreicht. Nach einigen Flops legte sie ihre Pop-Karriere auf Eis. 2006 beteiligte sie sich am Benefizsong „L’or de nos vie“, dessen Erlöse an die AIDS-Forschung gingen.
   http://de.wikipedia.org/wiki/St%C3%A9phanie_von_Monaco

10. *Tatjana & Foffi – Aschenputtel wird Prinzessin* hieß eine Doku-Soap, die RTL II 2006 ausstrahlte. Darin ging es um Ferfried Prinz von Hohenzollern und seine Geliebte Tatjana Gsell. Von Hohenzollern war zu dieser Zeit noch in dritter Ehe verheiratet, hatte seine Beziehung zu Gsell aber bereits 2004 bekanntgegeben. RTL II plante eine „Märchenhochzeit“. „Foffis“ Scheidung platzte jedoch und ebenso die Hochzeit in der letzten Folge der Doku-Soap. http://de.wikipedia.org/wiki/Ferfried_Prinz_von_Hohenzollern und http://www.stern.de/lifestyle/leute/tatjana-foffi-aschenputtel-im-abseits-578375.html

Glossar

Adelsbrief: Er wird auch „Adelsdiplom“ genannt und bezeichnet die Urkunde, in der die Standeserhöhung eines Neugeadelten schriftlich bestätigt wird. Die ersten Adelsbriefe erteilte Kaiser Karl IV. Der uns bis heute bekannte älteste Adelsbrief wurde dem Scholaster an der St. Stephanskirche zu Mainz, Wicker Frosch, am 30. September 1360 verliehen. Seit der Abschaffung der Monarchie werden in Deutschland und Österreich keine Adelsbriefe mehr ausgestellt.

Adelsprädikat: Damit ist der Namenszusatz oder die Rangbezeichnung eines Adligen gemeint. Beim deutschen Adel sind das „von“, „zu“, von und zu“, „von der“ oder „von dem“. Ursprünglich diente das „von“ dazu, den Wohnsitz oder Herrschaftsbereich anzugeben, das galt auch für Nichtadlige, etwa im Mittelalter für Dichter. Ab dem Jahr 1650 bezeichnete das Prädikat Adelshäuser. In der Neuzeit wurde bei Erhebungen in den Adelsstand das Prädikat ohne Ortsbezeichnung vor den bürgerlichen Namen gestellt, etwa bei Johann Wolfgang von Goethe.

Ahnenprobe: Sie wird auch als „Adelsprobe“ bezeichnet und ist der urkundliche Nachweis über die adlige Abstammung einer Familie oder einer Einzelperson. Die erste Ahnenprobe wurde bereits im 12. Jahrhundert verlangt. Der Ritter musste nachweisen, dass er von vier ritterbürtigen Ahnen abstammte. Je nach angestrebtem Amt, wenn es nur dem Adel vorbehalten war, steigerte sich die Probe in späteren Jahrhunderten auf Abstammung von bis zu 16 Ahnen, das heißt, es musste nachgewiesen werden, dass bereits alle Ururgroßeltern adlig geboren waren. Auch wer heute in das *Genealogische Handbuch des Adels* aufgenommen werden möchte, muss nachweisen, dass er vom historischen Adel abstammt.

Allod (mlat. *allodium*): Es bezeichnet das Eigentum, das im vollen Besitz steht, etwa das Familienerbe. Dieses Gut ist frei von Abgaben. Im Mittelalter wurde Rodungsland von den Fürsten oft als Allod behandelt. In Mitteldeutschland bezeichnet das Allod seit dem 11./12. Jahrhundert den ritterlichen Wirtschaftshof.

Amtsadel: Damit ist jener Adelsstand gemeint, der aus einem Amt hervorging. Manche Ämter waren automatisch mit der Erlangung eines Adelstitels verbunden. Dieses Prozedere war vor allem zur Zeit des Ancien Régime (Noblesse de robe) verbreitet, die Ausübung eines entsprechenden Amtes, vor allem im staatlichen Finanz- und Rechtswesen, ermöglichte es Bürgerlichen, in den Adelsstand aufzusteigen.

Briefadel: Damit sind Adelsfamilien gemeint, die ursprünglich bäuerlicher oder bürgerlicher Herkunft waren und per Adelsbrief oder -diplom in den Adelsstand erhoben wurden. Meist erhielten sie zugleich auch ein Wappen. Im Heiligen Römischen Reich Deutscher Nation, also bis zum Jahr 1806, war die Nobilitierung ein Vorrecht des Kaisers.

Edelfreie (auch Edelinge): So wurden ursprünglich diejenigen germanischen Adligen genannt, die sich von anderen Freien dadurch unterschieden, dass an sie das dreifache Wergeld (Sühnegeld) gezahlt werden musste, wenn jemand aus ihrer Familie getötet wurde. Allerdings mussten sie ihrerseits auch die dreifache Höhe an Wergeld entrichten. Im Laufe des 12. Jahrhunderts bildete sich aus dieser Gruppe der hohe Adel, im Gegensatz zum niederen Adel, der sich im Ursprung aus Mitgliedern des unfreien Dienstadels, den Ministerialen, zusammensetzte. Im Mittelalter konnte nur edelfrei sein, wer ehelich geboren wurde und wessen Eltern ihrerseits bereits edelfrei waren. Das heißt, ein Edelfreier musste vier edelfreie Großeltern haben. Edelfreie unterstanden mit ihrem Allod keinem Lehnsherren.

Endogamie: Das Wort setzt sich zusammen aus den beiden griechischen Begriffen *éndon* („innen“) und *gámos* („Hochzeit“), gemeint ist also eine „Innenheirat“. Solche Heiraten innerhalb einer bestimmten sozialen oder auch religiösen Gruppe gibt es in vielen Gemeinschaften. Auch beim Hochadel verlangen Hausgesetze zum Teil bis heute den Verzicht auf eine nicht standesgemäße Eheschließung.

Genealogisches Handbuch des Adels: Das abgekürzt auch *GHdA* lautende Handbuch ist ein mittlerweile aus 157 Bänden bestehendes Nachschlagewerk, in dem die deutschen Adelsfamilien aus dem ehemaligen Gebiet des Heiligen Römischen Reiches Deutscher Nation zusammengestellt sind. Es ist im im Starke-Verlag erschienen und wird vom Deutschen Adelsarchiv herausgegeben. Das *GHdA* ist das Nachfolgewerk des *Gothaischen Hofkalenders*, bekannt auch als „der *Gotha*“.

Hochadel: Der Hochadel ist in Abgrenzung zum niederen Adel zu sehen. Um zum Hochadel gezählt zu werden, muss eine Familie drei Kriterien erfüllen: Sie muss bis zum Jahr 1806 die Landeshoheit über ein Territorium ausgeübt haben, „reichsunmittelbar“, also direkt dem König oder Kaiser unterstellt gewesen sein, und auf dem Reichstag Sitz und Stimme gehabt, also die sogenannte Reichsstandschaft besessen, haben. Wird nur einer dieser Aspekte nicht erfüllt, wird die Familie dem niederen Adel zugerechnet. Zum Hochadel zählen also, sofern alle Kriterien erfüllt sind, souveräne Herzöge, Fürsten und Grafen.

Konnubium: Damit ist die Heirat zwischen Angehörigen ursprünglich unterschiedlicher sozialer Gruppen gemeint. Ehen zwischen Adligen und Angehörigen des aufgestiegenen Bürgertums waren also ein Anzeichen für die allmähliche Annäherung und die gegenseitige Anerkennung der beiden Schichten.

Lehen: Im Mittelalter umfasste Lehen meist Grund und Boden, bisweilen auch ganze Dörfer oder auch weltliche und geistliche Ämter. Das Lehen wird dem Lehnsmann (auch „Vasall“) von seinem Lehnsherren auf Lebenszeit als eine Leihgabe zur Verfügung gestellt, der Lehnsherr bleibt aber Eigentümer. Als Gegenleistung muss sich der Lehnsmann seinem Lehnsherren zur Treue verpflichten, ihm den „Lehnseid“ leisten, und ihm militärische, persönliche oder auch Hofdienste leisten. Im Laufe der Zeit wurde das Lehen im Zuge eines allgemeinen Allodisierungsprozesses auch erblich, das heißt, der Besitz ging an die Erben des Belehnten über.

Ministeriale: Im römischen Kaiserreich bezeichnete man so die Palastbediensteten, allerdings wird der Begriff hier oft auch synonym mit „Sklave“ verwendet. Im Frühmittelalter verband man mit dem Ausdruck Inhaber eines Amtes oder Aufgabenbereiches, eines „Ministeriums“. Im 11. Jahrhundert verstand man darunter eine Gruppe privilegierter unfreier Dienstmannschaften. Im 12. Jahrhundert durften sie sich als *milites*, also Ritter, bezeichnen, was bis dahin dem höheren und niederen Adel vorbehalten war. Damit gehörten sie im Heiligen Römischen Reich zu einer Oberschicht im Hof-, Verwaltungs- oder Kriegsdienst. Sie wurden lehnsfähig. Im Laufe des 13. Jahrhunderts erhöhte sich der Stand der Ministerialen, sie gehörten dem niederen Adel an, gleichzeitig verloren sie ihren Status als Unfreie. Der sogenannte Uradel, also die Familien, die vor den Jahren 1350 bzw. 1400 ritterbürtig wurden, setzt sich aus den Edelfreien sowie – zum weitaus größeren Teil – aus den einstigen Ministerialengeschlechtern zusammen.

Niederer Adel: Zur Unterscheidung zwischen hohem und niederem Adel siehe das Stichwort „Hochadel“. Zum niederen Adel konnten auch Fürsten und Grafen zählen, wenn sie nicht reichsunmittelbar, also nicht regierend, waren. Im allgemeinen Sprachgebrauch gehören zum niederen Adel aber die untitulierten Familien einschließlich der Ritter und Edlen. Der Begriff ist jedoch in seiner Bedeutung regional sehr verschieden.

Persönlicher Adel: Dieser bezeichnet einen lebenslangen, aber nicht vererbbaren Adelstitel, der auf die Person beschränkt war, der er verliehen wurde. Der Amtsadel gehört in diese ausschließlich personenbezogene Gruppe.

Reichsadel: Dazu zählen mehrere Gruppen; allen gemeinsam war, dass sie direkt dem deutschen König oder Kaiser des Heiligen Römischen Reiches unterstellt, also „reichsunmittelbar" waren. Zu den reichsunmittelbaren Adligen gehörten unter anderem die Kurfürsten, die Reichsfürsten, reichsunmittelbare Fürstbischöfe und einzelne Fürstäbte, außerdem reichsunmittelbare Grafen und reichsunmittelbare Äbte. Sie alle zusammen bildeten die „Reichsstände". Nicht zu den Reichsständen gehörend, aber dennoch reichsunmittelbar, waren die Reichsritter. Mit der Auflösung des Heiligen Römischen Reiches im Jahr 1806 endete auch die Institution der Reichsunmittelbarkeit.

Salisches Recht: Dieses auch als *lex salica* bezeichnete Recht ist eines der ältesten kodifizierten germanischen Volksrechte aus dem 6. Jahrhundert. Festgelegt sind hier unter anderem Buße für Körperverletzung und andere Straftaten, aber auch das Verbot für Töchter, das Land ihres Vaters zu erben. Aus diesem Gesetz wurde im 14. Jahrhundert das Verbot der weiblichen Thronfolge abgeleitet.

Wergeld: Es war dies ein Sühnegeld, das im Frühmittelalter ein Totschläger an die nächsten Angehörigen des Erschlagenen zahlen musste. Später wurde das Wergeld auch auf andere Bereiche ausgeweitet, so musste man etwa auch für die Tötung von Tieren Wergeld zahlen. Das Wergeld ersetzte also die Blutrache.

Uradel (älterer Adel): Zum Uradel wurden seit dem 19. Jahrhundert all jene Familien gezählt, die bereits vor der Einführung des Briefadels im Jahre 1346 existierten. Der Begriff des Uradels gilt zwar als unwissenschaftlich und unpräzise, hat aber für einige Adelsfamilien nach wie vor eine „adelsrechtliche" Bedeutung, etwa wenn es um die Eheschließung innerhalb des Adels geht.

Literatur

Asch, Ronald G.: Europäischer Adel in der Frühen Neuzeit, Böhlau-Verlag 2008

Bieberstein, Johannes Rogalla: Adelsherrschaft und Adelskultur in Deutschland, Verlag C. A. Starke, Limburg a. d. Lahn 1998

Borst, Otto: Alltagsleben im Mittelalter, Insel-Verlag, Frankfurt/Main 1983

Bumke, Joachim: Höfische Kultur. Literatur und Gesellschaft im hohen Mittelalter. 2 Bände, Deutscher Taschenbuch-Verlag, 3. Auflage, Frankfurt a. M. 1986

Conze, Eckart (Hrsg.): Kleines Lexikon des Adels. Titel, Throne, Traditionen, Verlag C. H. Beck, München 2005

Ders./Wienfort, Monika (Hrsg.): Adel und Moderne. Deutschland im europäischen Vergleich im 19. und 20. Jahrhundert, Böhlau-Verlag, Köln 2004

Demel, Walter: Der europäische Adel. Vom Mittelalter bis zur Gegenwart. Verlag C. H. Beck, München 2005

Dinzelbacher, Peter (Hrsg.): Sachwörterbuch der Mediävistik, Kröner-Verlag, Stuttgart 1992 (= Kröners Taschenausgabe Bd. 477)

Hartmann, Peter Claus: Das Heilige Römische Reich deutscher Nation in der Neuzeit 1486–1806, Reclam-Verlag, Stuttgart 2005

Herbers, Klaus/Neuhaus, Helmut: Das Heilige Römische Reich. Ein Überblick, Böhlau-Verlag, Köln 2010

Kneschke, Ernst Heinrich: Neues allgemeines deutsches Adels-Lexikon, Leipzig 1859 ff.

Lexikon des Mittelalters, Band 1 ff., Verlag Artemis und Winkler, München/Zürich 1980 ff.

Schindling, Anton/Ziegler, Walter (Hrsg.): Die Kaiser der Neuzeit 1519–1918. Heiliges Römisches Reich, Österreich, Deutschland. Verlag C. H. Beck, München 1990

Schneidmüller, Bernd: Die Kaiser des Mittelalters. Von Karl dem Großen bis Maximilian I., Verlag C. H. Beck, München 2006

Ders. / Weinfurter, Stefan (Hrsg.): Die deutschen Herrscher des Mittelalters. Historische Porträts von Heinrich I. bis Maximilian I. (919–1519), Verlag C. H. Beck, München 2003

Sikora, Michael: Der Adel in der Frühen Neuzeit, Wissenschaftliche Buchgesellschaft, Darmstadt 2009

Stollberg-Rilinger, Barbara: Das Heilige Römische Reich Deutscher Nation. Vom Ende des Mittelalters bis 1806, 5. aktualisierte Auflage, Verlag C. H. Beck, München 2013

Thoma, Helga: Ungeliebte Königin. Ehetragödien an Europas Fürstenhöfen, 2. Auflage, Piper-Verlag, München 2003

Dies.: Familientragödien an Europas Höfen. Verbrechen aus Staatsraison, Piper-Verlag, München 2004

Dies.: Vom Thron zum Schafott. Das blutige Ende gekrönter Häupter. Verlag Ueberreuter, Wien 1998

Weinfurter, Stefan: Das Reich im Mittelalter. Kleine deutsche Geschichte von 500 bis 1500. Verlag C. H. Beck, München 2008

Wehler, Hans-Ulrich: Europäischer Adel 1750–1950, Göttingen 1990

Wienfort, Monika: Der Adel in der Moderne. Verlag Vandenhoeck und Ruprecht, Göttingen 2006

Über die Autorin

Anja Stiller, Jahrgang 1966, studierte an den Universitäten Hannover und Salzburg Deutsche Literaturwissenschaft und Philosophie und promovierte am Institut für Ältere Deutsche Literatur und Sprache an der Universität Salzburg mit der Edition einer spätmittelalterlichen Handschrift. Sie arbeitete zunächst zehn Jahre lang als freischaffende Kulturjournalistin für österreichische und deutsche Tageszeitungen, unter anderem für die *Salzburger Nachrichten* und den *Standard*, Wien. Inzwischen ist sie als Sprach- und Fachlektorin für verschiedene Sachbuchverlage sowie als PR-Texterin tätig. Im Jahr 2010 erschien ihr erster Roman *Dolcissima* im Schweizer Informationslücke-Verlag. Darüber hinaus arbeitet sie als freie Autorin für verschiedene Sachbuchverlage.

Die Autorin ist Mitglied im Netzwerk der Salzburger Medienfrauen (www.medienfrauen.at) sowie in der Schriftstellervereinigung der „42er Autoren“ (www.42erautoren.de).

Beim Regionalia-Verlag erschien von ihr im Frühjahr 2014 *Hundsfott. Schimpfen mit den Klassikern.*